MARKETING

図解でわかる

マーケティングの基本としくみ

野上眞一

アニモ出版

はじめに

　マーケティングとは、いったい何のことでしょう？　たとえば、「明日からマーケティングを担当してくれ」と上司に言われて、何をしたらいいのか、すぐにわかる人は少ないのでは？

　市場調査＝マーケティング・リサーチをする？　販促キャンペーンのプランを立てる？　新製品を企画する？──いずれもマーケティングの一部ではありますが、それがマーケティングそのものというわけではありません。

　マーケティングは、それらも含めて、仕事の基礎になる技術と、科学的なものの考え方なのです。この本では、そのようなマーケティングの全体像を、初めてマーケティングに触れる人に示していきたいと考えています。次のような方々に、ぜひ読んでいただきたい本です。
- これからマーケティングを勉強する人
- これからマーケティングの仕事をする人、したい人
- 自分の仕事にマーケティングを活かしたい人

　今日では、ウェブやＳＮＳを使ったマーケティング＝デジタル・マーケティングも不可欠です。とくに１章を設けて説明しました。

　マーケティングを仕事とする人を「マーケター」と呼びますが、マーケティングの基本的な知識はマーケターだけでなく、どんな業種の、どんな職種の人にも役立つものと思っています。この本が、みなさんの知識の習得の一助になれば幸いです。

2021年9月

野上　眞一

『図解でわかるマーケティングの基本としくみ』

も く じ

はじめに

1章

「マーケティング」って何をすること？

「売れるしくみ」のつくり方

3章 「顧客」と「市場」について知ろう

4章

強いブランドを育てる「差別化戦略」

5章

「製品戦略」と「価格戦略」を立案する

CONTENTS

6章

欲しいときに欲しいものを届ける「流通戦略」

7章

効果的に伝える「コミュニケーション戦略」

8章

デジタル・マーケティングの基本としくみ

カバーデザイン◎水野敬一
本文DTP＆図版◎一企画（伊藤加寿美）

1章

「マーケティング」って
何をすること？

マーケティングは
「売る」ための技術なの？

📟 マーケティングは広告宣伝？ 市場調査？ 製品開発？

　これからマーケティングのことを知ろうという人にとって、「マーケティング」のイメージはさまざまかもしれません。話題を呼ぶCMをつくることだったり、インターネットを駆使して市場調査をすることだったり、あるいは、開発部門と協力して画期的な新製品を企画することだったり……。

　でも、これは違いますよね。だって大きな会社だったら、それぞれに専門部署があるような仕事でしょう？　広告宣伝部、市場調査部、企画開発部——要するに、それぞれのプロフェッショナルがいるということです。それらをするだけだったら、わざわざ「マーケティング」という用語で呼ぶ必要はありません。

📟 マーケティングは「セリング」と違う

　マーケティングを、商品や製品を「売る」技術だと考えるのも、わりと一般的なことです。たしかに、マーケティングの語源である「マーケット」は市場、すなわちモノを売り買いするところですね。

　でも、「売る」ことに関しても、営業や販売といったプロがいます。このような、売るための技術や方法のことを「**セリング**」と言います。セリングはマーケティングの一部ではありますが、マーケティングそのものではありません。

　しかも、「マネジメントの父」と呼ばれる経営学者の**ピーター・ドラッカー**は「マーケティングの最終的な狙いは、セリングを不要にすること」と言っています。

マーケティングと「セリング」の違いとは？

「セリング」

セリングは売る・売り込む技術。すでにある
商品やサービスを売り込む

「マーケティング」

マーケティングは、売り込まなくても売れる
ようにする

> セリング＝「売る」技術の助けがなくても
> 「売れる」ようにするのがマーケティング

📟 「売る」と「売れる」とでは大違い

　「セリングを不要にする」とは、どういうことでしょうか？
つまり、セリングは売り手の側から懸命に「売る」のに対して、マ
ーケティングがめざすところは、仮にセリング＝売る技術の助けが
なくても、商品やサービスがひとりでに「売れる」ようにするとい
うことです。

　「売る」と「売れる」──たった1文字の違いですが、どうした
ら、そんなことができるでしょうか？

ニーズに応えて「売れる」ようにする

ニーズに応えれば「売れる」

何か欲しいものがあって、お店やネット通販で探したところ、ぴったりのものがあって迷わず買った──そんな経験がないでしょうか。機能やデザインは考えていたとおり、値段も予算範囲内のものが見つかれば、誰でも「即買い」となるものです。

これを売り手の側から見ると、「売った」ではなく「売れた」になります。でも、たまたま1個売れただけでは偶然かもしれません。たくさんのお客さまが欲しいと思って買うと、「売れる」になります。これがお客さまの「ニーズ」です。

つまり、お客さまのニーズに応える商品やサービスなら、「売る」ことをしなくても「売れる」のです。マーケティングはたまたま偶然売れたのではなく、「売れる」状態を意識的に、科学的につくり出します。

ニーズに応えて利益を上げる

「マーケティングの神様」と呼ばれるアメリカの経営学者フィリップ・コトラーによると、マーケティングの最も短い定義は「ニーズに応えて利益を上げること」だそうです。

つまり、こういうことです。セリングでは、すでにある商品や製品をどう売り込むかを考えます。ですから、顧客のニーズに合わない場合は値引きをして無理矢理ニーズに合わせたり、セールストークで説得して、ニーズを多少がまんしてもらったりするわけです。

その結果、売ることに成功すれば売上があがり、利益が出ると考

ニーズに応えれば「売れる」ようになる

「セリング」

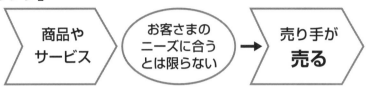

セリングは商品やサービスがすでにあるので、お客さまのニーズに合わないときは売り込むことが必要になる

「マーケティング」

マーケティングは、お客さまのニーズからスタートするので、お客さまは迷わず買う＝ひとりでに売れる

> **マーケティングはお客さまのニーズから
> スタートして「売れる」ようにする**

えます。

　一方、マーケティングはまず、お客さまのニーズは何かと考えます。そのニーズに応えれば、お客さまは商品やサービスを買う、すなわちひとりでに売れ、利益が上がるわけです。つまり、利益は商品やサービスを売ることではなく、お客さまのニーズに応えることで上がるというのがマーケティングの考え方です。

　ですからマーケティングは、ときには新製品の開発から始まります。お客さまのニーズに応える商品やサービスがなければ、開発するしかないからです。

3 「売れるしくみ」をつくろう

「売れる」ようにするためには？

　お客さまのニーズに応える商品やサービスを開発するといっても、簡単なことではありません。お客さまのニーズは、ほとんどの場合ひとつではないからです。何か欲しいものがあって探すにしても、その商品の機能だけでなく、色やデザイン、値段の手頃さなどをチェックするでしょう。そのすべてが、お客さまのニーズです。

　たとえば近年、さまざまな分野に広がっている「抗菌」というニーズに応えて、抗菌シャツを開発・販売するとします。しかし、ただ抗菌のシャツをつくって売ればいいというわけにはいきません。夏のクールビズ用なら速乾防臭、冬のウォームビズなら軽くて暖かい機能性は、今やあたりまえです。

　そのような抗菌シャツを開発しても、一般のシャツの何倍もする価格では、手頃な値段で手に入れたいというニーズに応えられません。原価が高くついているなら、コストダウンの努力も必要になってきます。

　さらに、シャツは日常的に着るものですから、誰でも、簡単に買えなければなりません。全国のスーパーへの流通や、通販などを考える必要があるでしょう。

　そして何より、そのような機能性の抗菌シャツがあること、手頃な値段で簡単に買えることを、全国のお客さまに知ってもらうことが重要です。

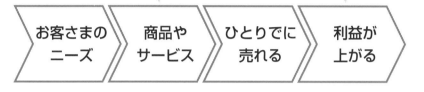

ニーズに応えて利益を上げるとは？

お客さまのニーズに
応える商品やサービス

ニーズに応えた結果
として利益が上がる

| お客さまの
ニーズ | 商品や
サービス | ひとりでに
売れる | 利益が
上がる |

売れるしくみ
「マーケティング」

お客さまのニーズからスタートして
「売れるしくみ」をつくりあげる

何と何をどうしたらよいか

　このように見てくると、「売れる」＝ニーズに応えて利益を上げるには、さまざまな仕事が必要です。しかも、1回行なえばいいというものでもなく、ほとんどは継続して行なう必要があります。

　つまり、ひとりがそのつど行なうのではなく、**売れる「しくみ」としてつくりあげる必要がある**ということです。

　では、何と何をどうしたらよいのか、それを整理しているのもマーケティングです。（次項に続く）

4

売れるしくみに必要な「4つのP」

4つのPごとに戦略を立てればよい

　売れるしくみをつくるために何と何をしたらよいか——これを「マーケティング・ミックス」といいます。

　アメリカのマーケティング学者ジェローム・マッカーシーは、このマーケティング・ミックスを大きく4つに分類しました。右の図の4つ、つまり「**製品**」「**価格**」「**流通**」「**プロモーション**」で、頭文字をとってマーケティングの「**4つのP**」と呼ばれています。

　この4つのPがいわば、売れるしくみをつくるために必要なことです。つまり、ニーズに応えた製品をつくり、顧客が求める価格を付けて、欲しい人に届く流通をつくりあげる。そして、それらのことを知ってもらえるプロモーション=**販売促進**をすればよいのです。

　もっとも、どの1つをとってもパパッと簡単にできることではありませんね。それぞれ「**製品戦略**」「**価格戦略**」「**流通戦略**」「**プロモーション戦略**」として、きちんと組み立てることが必要です。

4つのPから「4つのC」へ

　4つのPは、1960年代に提唱されたものなので、現在から見ると売る側の視点に偏っているきらいがあります。そこで、アメリカの広告学者ロバート・ラウターボーンという人が、より顧客の立場に立った「**4つのC**」を提唱しています。

　とくに4つめは、販売促進と捉えるより、顧客に知らせる「**コミュニケーション**」と考えたほうがしっくりときます。

マーケティングの「4つのP」とは？

「4つのC」へ

製品	⇒ 顧客ソリューション	Customer Solution
価格	⇒ 顧客コスト	Customer Cost
流通	⇒ 利便性	Convenience
プロモーション	⇒ コミュニケーション	Communication

売れるしくみには「製品戦略」「価格戦略」
「流通戦略」「プロモーション戦略」の4つが必要

5 売れるしくみは 「STP」でつくる

すべての人のニーズに応えることはできない

　4つのPで戦略を立てる前に、重要なことが1つあります。それはひと言でいうと「ターゲットを絞る」こと。

　どんな大会社でも、すべての人のニーズに応えることはできません。だって、考えてもみてください。世界中の人の、衣食住その他のニーズすべてに応えられる会社なんて、あるわけがないでしょう？あのトヨタだって衣料品はつくっていないし、反対にユニクロは自動車をつくっていません。それぞれ「自動車市場」「衣料品市場」にターゲットを絞っているわけです。

　大会社ですらそうなのですから、中小の会社、零細の会社ならなおさらです。ターゲットを絞らなければ、そもそもマーケティングはできないのです。

だから「STP」でターゲットを絞る

　ターゲットを絞るには、まず市場全体を細かく分類（**セグメント**）してみます。これを「**セグメンテーション**」（**市場細分化**）といいます。

　次に、そのセグメントの中のどれを**標的市場**（**ターゲット・マーケット**）とするか、それを決めるのが「**ターゲティング**」です。

　標的市場を定めた後も、その市場での**ポジション**＝立ち位置を決める「**ポジショニング**」の仕事が残っています。その市場には必ず、競合する他社がいるはずですから、差別化を考えて標的顧客に伝えていく必要があるのです。

S・T・P、3つのプロセスも欠かせない

S **セグメンテーション**

（市場細分化）

> 市場を細かく分類（セグメント）してみる

↓

T **ターゲティング**

（標的市場の選択）

> どのセグメントを標的とするか決める

↓

P **ポジショニング**

（会社や製品の位置づけ）

> 市場でのポジションを明確にして伝える

**すべてのニーズには応えられないから
ターゲットを絞ることが大切**

　たとえばあなたが、アパレル市場の中でも、ファストファッションを標的市場と決めたとして、ユニクロのようなオーソドックスなイメージでいきたいのか、H&Mみたいな洗練された印象を与えたいのか、はたまたZARAのカッコよさを狙うのか、市場でのポジションを考える必要があるでしょう？　それがポジショニングです。

　以上の3つのプロセスは、それぞれの頭文字をとって「STP」と呼ばれています。STPは、売れるしくみをつくるために欠かせないプロセスです。

6 マーケティングは 5段階のプロセスで

📋 実行した後は評価と見直し

　ここまでくると、マーケティングの手順といったものも見えてきたのではないでしょうか。マーケティング・ミックスの戦略を立てる、その前に市場調査や分析を行ない、ＳＴＰのセグメンテーション・ターゲティング・ポジショニングをする……。

　この後に、どんな戦略にも必要な基本的手順を加えると、それがすなわちマーケティングのプロセスとなります。

　何事でもまず最初に必要なのは、**現状を正しく把握する**こと。マーケティングも、市場調査や環境の分析からスタートしなければいけません。分析する環境には外部のほか、会社内部の環境も含まれます（☞40ページ）。

　次に、ＳＴＰ＝セグメンテーション・ターゲティング・ポジショニングのプロセスで、ターゲットとなる市場を絞り込みます。

　ここからマーケティングの４つのＰ＝製品・価格・流通・プロモーション（コミュニケーション）について戦略を立て、効果的な組み合わせ＝マーケティング・ミックスを決めます。

　これを具体化して実施し、結果の評価と全体の見直しを行なうというのが基本的な手順です。プラン・ドゥ・チェック（Ｐ・Ｄ・Ｃ）のサイクルと同じで、結果をフィードバックすることも忘れずに。

📋 「マーケティング・マネジメント・プロセス」を覚えておこう

　この５つのステップが、一般に「マーケティング・マネジメント・

「マーケティング・マネジメント・プロセス」とは

R 市場調査・分析
市場や外部環境・内部環境を分析する

STP STP
セグメンテーション、ターゲティング、
ポジショニング

MM マーケティング・ミックス
製品戦略、価格戦略、流通戦略、
プロモーション（コミュニケーション）戦略

I 実施
戦略を具体化する

C コントロール
結果を評価し、全体を見直す

プロセス」と呼ばれています。どのプロセスが欠けてもマーケティングはうまくいかないので、覚えておきましょう。

それぞれの頭文字をとって「R→STP→MM→I→C」とする表記も、よく見かけるものです。プロセスを覚えるなら、こちらの表記のほうが覚えやすいかもしれませんね。

ちなみに、1番目の「R」はReserchの頭文字、4番目の「I」はImplementation（実施、実行）のことです。

23

7 要するに「マーケティング」って何？

 マーケティングはどこが違うのだろう？

　結局のところ、「マーケティング」とはいったい何のことなのでしょう。

　右の図を見てください。

　従来の考え方では、最初から会社にはつくった製品（売るための商品やサービス）がありきです。そこから製品に合わせて価格設定し、既存の流通に乗せて、プロモーションを行ないます。それで売上が増えた分が、利益になるという考え方です。

　たとえば、経済が急速に伸びている発展途上国の生活必需品、といった市場ならこれで十分でしょう。しかし、先進各国のような経済ではニーズが多様化しているため、これでは対応できません。

　そこで現代のマーケティングは、最初にニーズがあると考えます。ただし、すべてのニーズに応えることはできないので、ＳＴＰによってターゲットを絞り、そのターゲットに対して戦略を組み立てるのです。結果、ニーズに応えた分が利益になると考えます。

 マーケティングをどう役立てるか

　このようなマーケティング本来のあり方では、製品開発の最初の最初からマーケティングがスタートします。当然、会社全体がそれにそって動かなくてはなりません。

　ではそうでない場合、たとえばすでに商品やサービスが出来上がっている場合は、マーケティングは役に立たないかというと、そんなことはないのです。

要するにマーケティングとは？

●従来の考え方

●マーケティングの考え方

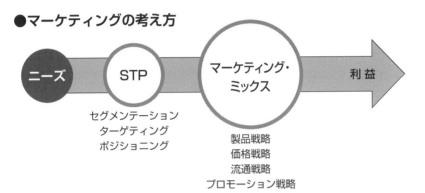

> ニーズが多様化した現代では
> マーケティングの考え方をしないと生き残れない

　図をもう一度見てください。従来の考え方の「製品」以降と、マーケティングの「マーケティング・ミックス」以降は、並び方こそ違え、要素は同じですね。応用がきかないわけがないでしょう。

　そしてこの分野に関して、マーケティングには膨大な積み重ねがあります。商品やサービスが出来上がっていたとしても、課題が価格設定、流通対策、プロモーション戦略といった個別の問題であったとしても、マーケティングの技法の数々が役に立ちます。

　次の章では、経営戦略とマーケティング戦略の関係、そして5段階のプロセスの始まりである調査・分析についてお話しします。

マーケティングの対象は
商品・製品だけじゃない

　マーケティングは「ニーズに応えて利益を上げること」（☞14ページ）ですから、利益が上がることで、ニーズのあるところなら、何でも対象とすることができます。つまり、扱う対象は形のある商品やサービスに限らないということです。

　「マーケティングの神様」コトラーは、マーケティングの対象として次の10種類をあげています。

---

　　①財、②サービス、③イベント、④経験、⑤人、⑥場所、
　　⑦資産、⑧組織、⑨情報、⑩アイデア

　形のある「財」＝売るための商品やつくった製品はもちろんですが、形のない「サービス」も当然、マーケティングの対象です。レストランなどのように、料理という財と、サービスを同時に提供しているケースも扱います。

　「イベント」を成功させるのはマーケティングの得意分野ですし、テーマパークなど「経験」を売りにする場合も対象です。

　芸能人など「人」を売り出す＝売れるようにするのは当然として、最近は「場所」＝地域に企業を誘致したりもします。

　売買される「資産」はもちろん、「組織」を対象に、予算を多く獲得できるような戦略を立てることもできます。

　「情報」や「アイデア」は意外かもしれませんが、広告などは情報を商品として利益を上げているのです。

　商品や製品のもとになる「アイデア」も、対象になり得るでしょう。

2章

「売れるしくみ」の
つくり方

8 マーケティング戦略は 経営戦略とともに

📱 マーケティングが経営戦略と違ってはいけません

　会社には、会社としての**経営戦略**があるものです。大きな会社だと会社の中に独立した事業部があり、**事業部ごとの戦略**もあります。もっと大きな会社だと、事業部の下の部レベルで戦略が必要な場合もありますね。

　その下にあるのが**製品ごとの戦略**です。マーケティングの戦略は通常、この製品レベルで立てます。ただし、マーケティングだけが製品レベルの戦略というわけではありません。会社や部として、どんな人員をその製品に割り当てるか、**人事の戦略**もあるでしょうし、どれだけの資金をかけるか、**財務の戦略**もあります。

　マーケティングの戦略は、全社の経営戦略の一部なのです。

　マーケティングの本でなぜ、こんな話をするかといえば、本来のマーケティングは会社としての全社経営戦略からスタートするからです。だからマーケティング戦略を考える場合も、会社の経営戦略と違ってはいけないのです。

　たとえば、「エブリデー・ロー・プライス」を打ち出しているスーパーのチェーンで、流行だからと高級ワインの大きなコーナーを設けた店舗があったらどうでしょう？　ロープライスを期待して来店した顧客には、受け入れられないのではないでしょうか。

　反対に、高級志向で売る百貨店のお惣菜売り場が、質を落とした290円弁当を売り出したとしたら？　百貨店の企業イメージを傷つけるおそれまでありますよね。製品レベルのマーケティング戦略は、

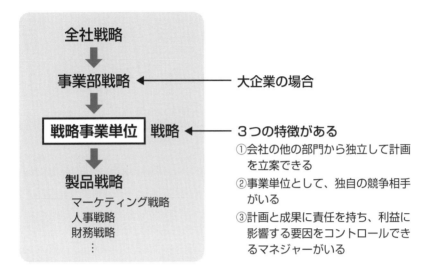

戦略は４つか３つのレベルで立てられている

全社戦略
↓
事業部戦略 ← 大企業の場合
↓
戦略事業単位 戦略 ← ３つの特徴がある
↓
製品戦略

マーケティング戦略
人事戦略
財務戦略
：

①会社の他の部門から独立して計画を立案できる
②事業単位として、独自の競争相手がいる
③計画と成果に責任を持ち、利益に影響する要因をコントロールできるマネジャーがいる

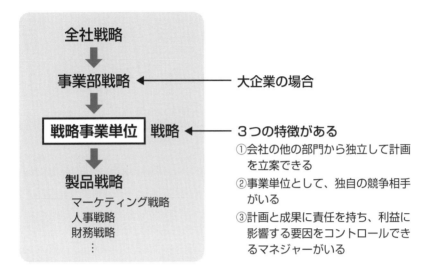

その上の会社、事業部等の戦略と一貫性がなくてはいけないのです。

　ちなみに「エブリデー・ロー・プライス」も、ちゃんとしたマーケティングの価格戦略の１つなので知っておきましょう（☞120ページ）。

あなたのところの「戦略事業単位」は何ですか？

　製品ごとのマーケティング戦略を立てるレベルとして、マーケティングでは「**戦略事業単位**」（ＳＢＵ＝ストラテジック・ビジネス・ユニット）というものを考えます。

　戦略事業単位は、上の図の３つの特徴があるとされます。ですから、大企業では図のように事業部の下に位置しますが、中小の会社では事業部が戦略事業単位ということもあるでしょう。もっと小さな会社では、会社自体が戦略事業単位かもしれませんが。

　あなたのところでは、戦略事業単位は何ですか？　一度、考えてみてください。

「バリューチェーン」で
競争優位のありかを探す

会社には「主活動」と「支援活動」がある

　経営戦略やマーケット戦略を立てるには、まず自分の会社のことを知らなければなりません。どこに会社としての強みがあり、どこが競合他社より優れているのか、そうしたことを知らなければ戦略の立てようがないでしょう。それを知るためのしくみも、マーケティングにあります。

　会社は、たとえば製造業なら、材料を仕入れて工場に運び込み、製品を製造して、それを出荷して店舗に届け、販売活動やマーケティング活動を行なって販売し、アフターサービスを行なうといった一連の活動をしています。これが会社の「主活動」です。

　ただし、主活動だけでは会社は回りません。主活動を後方から支援する全般的な管理、人事労務、技術開発、資材や資金の調達といった「支援活動」も必要です。

　そして、それらのさまざまな活動を通じて付加価値を生み出し、マージン（利益）を得ています。

どの活動に競争優位があるか、明らかにする

　では、どの活動で付加価値を大きく生み出し、どの活動はあまり生み出していないのか、言い換えると、どこが他社より優れ、どこは劣っているのか、それをチェックするのが右の図です。戦略経営の第一人者であるアメリカの経営学者、マイケル・ポーターが著書『競争優位の戦略』のなかで提唱しました。

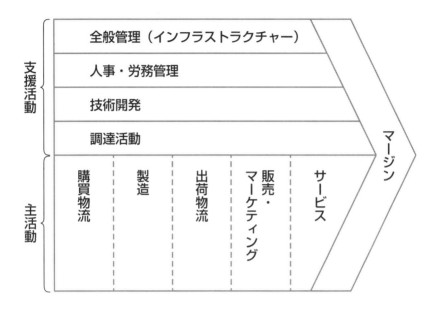

自社の競争優位はどの活動にあるか？

|支援活動| 全般管理（インフラストラクチャー） |
| 人事・労務管理 |
| 技術開発 |
| 調達活動 |

主活動：購買物流　製造　出荷物流　販売・マーケティング　サービス

マージン

バリューチェーンに沿って探せば
自社の競争優位が明らかになる

　競合他社より優れた商品やサービスを提供したり、より低価格で提供できるなど、競争上の優位性のことを「**競争優位**」といいます。上の図はまさに、自社の競争優位のありかを明らかにするためのフレームワーク（枠組み）で、「**バリューチェーン**」（**価値連鎖**）といいます。

　このフレームワークに沿って、自社の強み・弱みがどこにあるのか、どこでどれだけの付加価値を生み出し、どこに競争優位があり、どこにはないのか、それらを明らかにするのが、経営戦略、マーケティング戦略を立案するための第一歩です。

10 「コア・コンピタンス」で 競争優位を確かなものに

他社より圧倒的に優れた能力とは

バリューチェーンのなかに弱みがあったとしても、それを克服しなければならないとは限りません。とくに今日の世界では、苦手な分野、効率が悪い分野は、アウトソーシング（外部委託）することができます。

あのアップルでさえ、iPhoneの製造工程はアジアの企業に任せ、自社の経営資源は企画・設計やデザイン、マーケティングなどに集中していますね。会社の限りある経営資源を活かすには、得意分野に集中することが大切なのです。

この、競合他社より圧倒的に優れた得意分野、能力を「**コア・コンピタンス**」といいます。中核となる能力といった意味で、具体的にはその会社が持つ独自の技術やノウハウ、アイデアなどのことです。コア・コンピタンスの考え方を提唱した経営論の第一人者でアメリカの経営学者、**ゲイリー・ハメル**によれば、右の図のような3つの特徴があります。

競合他社との競争に勝ち、利益をあげていくためには、**はっきりとしたコア・コンピタンスを持ち、会社として育てていく**ことがまず大切です。

組織としての能力にも競争優位がある

競争優位をつくり出すのは、コア・コンピタンスだけではありません。たとえば、特別な技術やノウハウはないのに、対応のスピー

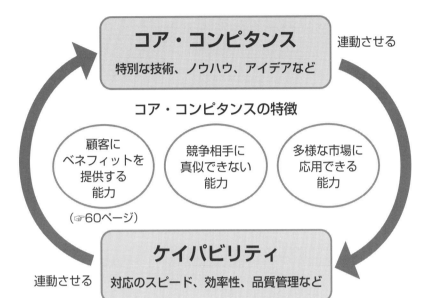

コア・タンピタンス、ケイパビリティとは

コア・コンピタンス

特別な技術、ノウハウ、アイデアなど

連動させる

コア・コンピタンスの特徴

顧客に
ベネフィットを
提供する
能力

競争相手に
真似できない
能力

多様な市場に
応用できる
能力

(☞60ページ)

ケイパビリティ

連動させる

対応のスピード、効率性、品質管理など

**コア・コンピタンスとケイパビリティを
連動させて競争優位を確かなものにする**

ドや効率性、品質管理などで優れた会社があるものです。こうした会社の組織としての能力を「**ケイパビリティ**」といいます。

　ケイパビリティは、コンピタンスと似た、能力といった意味の英語ですが、こちらは会社が組織として持つ強みの部分の能力をあらわす用語です。ケイパビリティも、競争優位をつくり出す重要な要素になります。

　ですから、コア・コンピタンスとケイパビリティを相互に連動させ、バリューチェーンの活動にうまく活かした会社が競争優位になるのです。

2章

「売れるしくみ」のつくり方

「カネのなる木」を育てる法

経営資源の配分には「事業ポートフォリオ」

　会社ではなく、製品レベルのマーケティング戦略を立てるのは戦略事業単位の仕事ですが、その戦略事業単位を設定するのは全社レベルの経営戦略の一環です。そして、どの戦略事業単位にどれだけのヒト・モノ・カネ＝経営資源を割り当てるかも決めます。

　このとき、判断の材料とされるものに「事業ポートフォリオ」という手法があります。同じ手法で、商品やサービスの経営資源配分を考えることもできるので、ここではそれをご紹介しましょう。

商品やサービスごとの戦略がわかる「ＰＰＭ」

　「プロダクト・ポートフォリオ・マネジメント」（ＰＰＭ）と呼ばれるのがその手法で、いくつかやり方がある中でアメリカの**ボストン・コンサルティング・グループ**による一般的なＰＰＭを説明します。

　方法は右のように、市場成長率と占有率（シェア）をマトリクスにし、商品やサービスをそれぞれに応じてプロットするだけです。

　まず「**花形**」にプロットされた商品やサービスは、成長率・シェアともに高く、現在売れている商品だとわかります。シェアを維持しつつ、「カネのなる木」をめざすのが戦略です。

　次に「**カネのなる木**」は、成長率が鈍っているものの、シェアは現在も高い商品やサービスのこと。コストがかからないわりに利益が大きいので、全体の収益源となっています。できるだけ長く、大

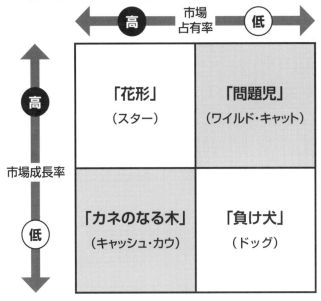

市場成長率と市場占有率に応じてプロットする

（ボストン・コンサルティング・グループによるPPM）

市場占有率 高←→低

市場成長率 高←→低

「花形」（スター）

「問題児」（ワイルド・キャット）

「カネのなる木」（キャッシュ・カウ）

「負け犬」（ドッグ）

商品やサービスを４つの枠のどれかに
プロットすると、とるべき戦略がわかる

きな利益を上げるような戦略をとりましょう。

　「問題児」は、成長率が高いのでコストがかかるわりに、シェアが低いために利益が出ないのが問題です。経営資源をつぎ込んで「花形」にするか、撤退するかの判断をしなければなりません。

　最後の**「負け犬」**は、成長率・シェアともに低く、利益もあまり出ない代わりコストもかかりません。できるだけ利益を上げることを考えるか、思い切って撤退するか、判断をします。

　このように、商品やサービスごとの戦略を立てるわけですが、事業ポートフォリオとして見た場合は、花形事業と、いずれ花形事業にする問題児事業に、経営資源を配分するという判断ができますね。

12 「アンゾフのマトリクス」に学ぶ成長戦略

📇 「経営戦略の父」が取り入れたものとは

マーケティング戦略の大元といってもよい会社の経営戦略は、どのように立てられているのでしょうか。

「経営戦略」は、今日ではあたりまえのビジネス用語として使われていますが、戦略（ストラテジー）という言葉はもともと軍事の用語です。戦争を全体として有利にするために、大局的な視点から個々の戦闘を進める方法、といったところでしょうか。

この概念を企業経営に取り入れたのが、「経営戦略の父」と呼ばれるアメリカの経営学者、**イゴール・アンゾフ**です。たとえば、その事業が成長できるかどうかチェックできる、有名な「**アンゾフのマトリクス**」と呼ばれるものがあります。ご紹介しましょう。

📇 製品と市場をマトリクスで考えてみると

アンゾフのマトリクスでは、その事業の「**製品**」と「**市場**」をそれぞれ「**既存**」と「**新**」に分けて見ます。そうすると、右の図のように4つの組み合わせが考えられますね。ここから、事業が成長できる4つの戦略が導き出されるのです。

まず、既存の市場で、既存の製品のシェアを伸ばすことを考えてみます。現在の顧客により多く買ってもらうことはできないか、他社の顧客を引き寄せられないか、新しい顧客を開拓できないか、など検討するわけです。これを「**市場浸透戦略**」といいます。

シェアが頭打ちで、この戦略がとれないなら、次に既存の製品で

４つの組み合わせから４つの戦略が導き出される

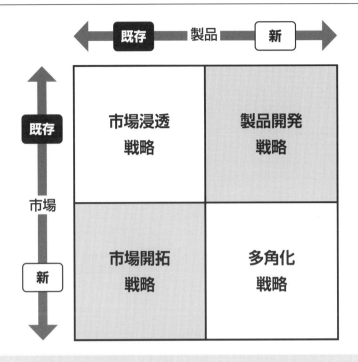

	既存 ◀━ 製品 ━▶ 新

「製品」「市場」、「既存」「新」の組み合わせから
企業が成長するための戦略が発見できる

新しい市場を開拓できないか検討します。「**市場開拓戦略**」といいますが、国内販売していた製品の海外進出などが典型的な例です。

さらに、既存の市場に向けて新しい製品を開発できないかを検討します。すでに顧客の支持を受けている市場に新しい製品を投入するわけで、「**製品開発戦略**」という呼び名です。

これらの戦略は、いずれも実績のある既存の製品・市場をベースにしているので、比較的受け入れられる可能性が高くなります。でも検討の結果、どの戦略もとれないとわかったら、どうしたらよいでしょう？（次項に続く）

13 「統合」「多角化」も 戦略のうち

📟 他社と事業統合する「統合的成長」

実は、事業が成長するための戦略は、既存の製品や市場をベースにしなくても考えられます。たとえば昨今では、企業がまったく新しい事業分野に進出するときに、ゼロから開拓するのでなく、その分野の既存企業を買収する方法がよくとられます。

事業が成長するための方法には「集中的成長」「統合的成長」「多角的成長」の３つがあり、既存の事業をベースとするのはこのうちの**集中的成長**なのです。

では、他の２つの方法はどんなものでしょう。

事業を成長させるには、自社だけでなく他社の事業も視野に入れる必要があります。同じ産業分野の他社と、事業を統合することによって成長しようというのが「**統合的成長**」です。

仕入先など、自社の供給を担ってきた他社と事業統合する「**後方統合**」、流通を担ってきた他社と統合する「**前方統合**」、そしていよいよとなったら、競合他社の事業を統合してしまう「**水平統合**」などの方法があります。

この統合的成長を検討しても結果が期待できないとなったら、次の「多角的成長」を考えなくてはなりません。

📟 新しい市場に新製品を投入する「多角的成長」

前ページの図をもう一度見てください。

多角化戦略＝多角的成長とは、新しい市場に新しい製品を投入す

あなたの会社はどの成長戦略？

既存の事業で成長する	集中的成長	市場浸透戦略 市場開拓戦略 製品開発戦略 など
他社の事業を統合する	統合的成長	後方統合 前方統合 水平統合 など
新市場に新製品を投入する	多角的成長	同心円的多角化戦略 水平的多角化戦略 コングロマリット的多角化戦略 など

経営資源を浪費する既存事業は合理化・廃止の選択も

る方法です。要するにほとんどゼロからのスタートなので、他の方法と比べて格段にリスクが高くなります。最後に検討すべき方法といえるでしょう。

その一方で、有望な市場が選べるため、成功すればハイリターンが期待できます。

多角的成長にも、既存の製品とある程度の共通点を持たせる「**同心円的多角化戦略**」、既存の顧客にも訴求できるような新製品を狙う「**水平的多角化戦略**」、まったく無関係の事業に進出する「**コングロマリット的多角化戦略**」などの種類があります。

さて、あなたのところの戦略事業単位はどんな成長の戦略、方法をとっているでしょうか？　経営戦略の本には、成長の見込みがない既存事業は経営資源の浪費なので、合理化や廃止を検討するべき、と書いてあるのですが……。

14

事業の戦略は
「環境分析」から

📊 外部環境分析で「機会」と「脅威」を見極める

　会社としての経営戦略から事業の経営資源、成長戦略が定まると、戦略事業単位の戦略が立てられます。最初にすることは——分析ですね。マーケティングのプロセスはつねに、分析から始めるのですから（☞22ページ）。

　事業には会社の外側の環境と、会社の内側の環境があります。それぞれ「**外部環境分析**」「**内部環境分析**」として分析をします。

　外部環境にはさらに、マクロ環境要因とミクロ環境要因があります（☞54ページ）。その分析のうえに立って、マーケティングの「機会」と「脅威」を見極めるのが「外部環境分析」です。

　マーケティングの「**機会**」というのは、要するに利益を上げられる市場があるか、ということ。これを分析するには、右の図の①、②、③をチェックしてみればよいのです。自分たちの会社で、①、②、③のいずれかができるとなれば、マーケティングの機会はあることになります。

　一方「**脅威**」は、売上や利益を下げるような傾向（トレンド☞54ページ）や、環境の変化があり得ないかということ。よい側面の機会と同時に、悪い側面の脅威も分析しておかなければなりません。

📊 内部環境分析では「強み」と「弱み」をチェック

　外部環境分析で「機会がある」と分析できても、自分たちの会社がそれを活かせなければ、ビジネスは成功しないでしょう。機会を

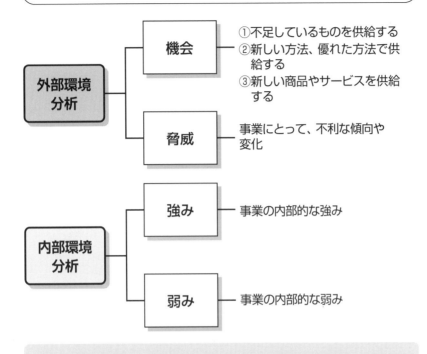

「外部環境分析」「内部環境分析」をする

外部環境分析

機会
- ①不足しているものを供給する
- ②新しい方法、優れた方法で供給する
- ③新しい商品やサービスを供給する

脅威
- 事業にとって、不利な傾向や変化

内部環境分析

強み
- 事業の内部的な強み

弱み
- 事業の内部的な弱み

強み＝Strengh、弱み＝Weakness、機会＝Opportunity、脅威＝Threatから「SWOT分析」と呼ぶ

活かせるかどうかは外部でなく、会社内部の「**強み**」と「**弱み**」にかかっています。これをチェックするのが「内部環境分析」です。

　たとえば、外部環境分析で市場に「不足しているもの」を発見したとして、会社に「商品開発力が高い」という強みがあれば、その機会を活かせます。しかし、内部環境分析で商品開発力が弱いという結果が出ているときは、成功はおぼつかないということです。

　このように、会社の「強み」「弱み」「機会」「脅威」から外部環境と内部環境を分析する手法は「SWOT分析」と呼ばれています。SWOTとは、4つの英単語の頭文字をとったものです。

「SWOT分析」で環境に応じた戦略を導き出す

📑 環境と影響の組み合わせで書き出していく

それでは、具体的なSWOT分析のやり方を見ていきましょう。

まず、右の図上のような表を用意して具体的な強み・弱み、機会・脅威を書き出していきます。縦の区分は「内部環境」「外部環境」、横は「好影響」「悪影響」です。

そうするとたとえば、企業経営に「好影響」を与える「内部環境」を考え、「商品開発力が高い」と書き出したら、それが「強み」となります。反対に、「悪影響」を与える「外部環境」として「国内で消費量が落ちている」と出たら、それは「脅威」です。

同じようにして、すべての組み合わせをリストアップしていくと、企業としての強み・弱み・機会・脅威が把握できるわけです。

📑「クロスSWOT分析」なら戦略が導き出される

SWOT分析のよいところは、分析にとどまらず「クロスSWOT分析」を行なうことで、具体的な戦略が立てられる点にあります。図下のように、強み・弱みと機会・脅威をマトリクスにすると、それぞれについて4つの戦略が導き出されるのです。

たとえば、「強み」と「機会」のクロスなら「積極的攻勢戦略」という具合。仮に「商品開発力が高い」という強みに「新興国の市場が伸びている」という機会が組み合わさったら、「積極的攻勢戦略」をとるべきだという意味です。さっそく「新興国のニーズに特化した製品を開発する」といった具体的戦略が考えられるでしょう。

一時停止

「SWOT分析」「クロスSWOT分析」とは？

●SWOT分析

	好影響	悪影響
内部環境	Ⓢtrengh 強み	Ⓦeakness 弱み
外部環境	Ⓞpportunity 機会	Ⓣhreat 脅威

●クロスSWOT分析

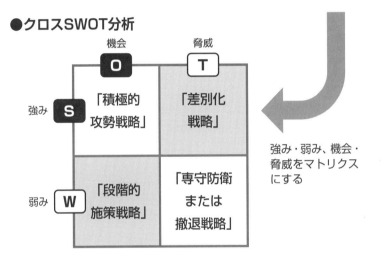

	機会 O	脅威 T
強み S	「積極的 攻勢戦略」	「差別化 戦略」
弱み W	「段階的 施策戦略」	「専守防衛 または 撤退戦略」

強み・弱み、機会・
脅威をマトリクス
にする

同様にして、他の3つのクロスについての戦略も導き出されます。

「**差別化戦略**」は、外部環境の脅威に対し自社だけの強みを活かして脅威を回避するか、できればピンチをチャンスに変えようというもの。たとえば「広告宣伝がうまい」という強みを持つ会社が、「消費が落ちている」という脅威に直面したら、「魅力的なCMを継続的に打つ」といった戦略が考えられます。

「**段階的施策戦略**」は、現状を維持しながら徐々に対策を講じる戦略。「**専守防衛または撤退戦略**」は、徹底的に守りに徹するか、思い切って撤退するという戦略です。

16 ポーターの「3つの基本戦略」に立ち返ろう

まず「コスト・リーダーシップ」がとれないか

　「市場浸透戦略」（☞36ページ）とか「積極的攻勢戦略」（☞42ページ）とか、いろいろな戦略が出てくるとワケがわからなくなりそうですね。そんなときも、長年積み重ねられたマーケティングの考え方が役に立ちます。

　アメリカの経営学者マイケル・ポーターは、事業の戦略を考えるにあたって出発点となるものを整理し、「3つの基本戦略」を提案しています。つまり、条件や方向性が違う3つの代表的な戦略として、「全体的コスト・リーダーシップ戦略」「差別化戦略」「集中戦略」の3つをあげたのです。

　もし取るべき戦略に迷ったり、わからなかったりしたときは、この3つの基本戦略に立ち返るのがよいということでしょう。

　第1の「全体的コスト・リーダーシップ」とは、コストの低減に努めて価格を下げ、シェアを押さえて市場のリーダーになろうという戦略です。ある意味、正攻法ですね。ポイントは、コストをどれだけ下げられるかなので、マーケティングはあまり必要ありません。

　この戦略の問題点は、もっとコストを下げた他社があらわれたときに、打つ手がないということです。安い労働力を背景にした海外製品が登場した場合など、対応がむずかしくなります。

ムリなら「差別化」の戦略をとる

　そこで、コスト低減→低価格ではなく、高価格でも個々の顧客の

覚えておきたい「3つの基本戦略」

1 **全体的コスト・リーダーシップ**

↓ コストを下げて価格で勝負する

2 **差別化**

↓ よそにないポジションで勝負する

3 **集中**

ターゲットを絞り込んで勝負する

> 事業の戦略を考える際にも
> この3つの戦略を出発点とするとよい

求めるニーズに、より細かく応えていこうというのが第2の「**差別化**」戦略。たとえば、1点もののブランドバッグとか、高くて毎日は飲めないけれど美味いビール、割高でも汚れがよく落ちる洗剤、といったポジションを狙います。この戦略では、会社の強みと、マーケティングを最大限活かすことがポイントです。

それもムリなら「集中」の戦略がある

　ただし、差別化戦略がとれるような強みを持った会社ばかりとは限りません。そうした場合でも、第3の戦略「**集中**」があります。

　つまり、マーケティングをフル稼働して、ごく狭い市場（セグメント☞20ページ）にターゲットを絞り込み、集中するのです。そして、その狭い市場で第1のコスト戦略か、第2の差別化戦略をとります。

　たとえば「○○地方で圧倒的なシェアを誇る地ビール」といった製品が産み出せれば、この戦略は成功といえるでしょう。

戦略の実行は「マッキンゼーの７Ｓ」で

戦略にそった組織に変えていくには

　戦略が決まったら、実行に移すために具体的な計画を立てる必要があります。計画では、どんな要素を検討すればよいでしょうか。

　通常、戦略を実行に移すのは、会社という組織です。この組織を、戦略を実行できるようコントロールし、必要なら変えていかなければなりません。

　このような組織運営を考えるフレームワーク（枠組み）として、有名なものに「**マッキンゼーの７Ｓ**」があります。アメリカのコンサルティング会社、**マッキンゼー・アンド・カンパニー**が提唱したものです。

　マッキンゼーの７Ｓは、右の図のように、英語のＳを頭文字とする７つの経営資源で構成されています。ハードウェアの３Ｓと、ソフトウェアの４Ｓがあり、ハードウェアの３Ｓは、戦略、構造、システムの３つ、ソフトウェアの４Ｓは、共有された価値観、スタイル、スタッフ、スキルの４つです。

ハードは変えやすく、ソフトは変えにくい

　ハードウェアの３Ｓは比較的短期間で、戦略にそったものに変えていくことができます。一方、ソフトウェアの４Ｓは、簡単に変えることができず、コントロールしにくいとされるものです。

　戦略を成功させるための計画には、コントロールしやすいハードウェアだけでなく、ソフトウェアを含めた全体の整合性が重要なこ

「マッキンゼーの７Ｓ」とは

ハードウェアの3S

Structure
組織構造

Strategy
企業戦略

System
経営のシステム

Shared values
共有された価値観

Skills
戦略実行のスキル

Style
従業員のスタイル

Staff
優秀なスタッフ

ソフトウェアの4S

> ７つのＳをチェックすれば戦略の実行と
> その計画に必要な要素がわかる

とを、マッキンゼーの７Ｓはあらわしています。

　すなわち、会社の基本的な企業戦略を明確に定め、その戦略にそった組織構造に変え、人事や情報、財務といった経営のシステムを整備します。同時に、社員全員が共有された価値観を持つように、また共通する仕事のスタイルを持つように、戦略を実行するスキルを身につけるように、変えていくことが必要だということです。そのためには、優秀なスタッフの投入も欠かせません。

　このようにマッキンゼーの７Ｓは、戦略の実行を成功させるために、またその計画立案のために、何と何が必要かを示しています。

18 「マーケティング・リサーチ」 だけが情報か？

「社内記録」からタダで役立つ情報も

　的確な事業の戦略を立てるには、正確な情報が必要ですね。というとすぐに「マーケティング・リサーチ」という言葉が思い浮かびますが、マーケティング・リサーチだけが情報源ではありません。

　「マーケティングの神様」コトラーは、**マーケティング情報システム**をつくるためのものとして「**社内記録**」「**マーケティング・インテリジェンス活動**」、そして「**マーケティング・リサーチ**」の3つをあげています。

　マーケティング情報システムをつくる、とまで大げさに考えなくても、戦略のための情報源はマーケティング・リサーチに限らないことを知っておきましょう。

　どんな会社にも、商品やサービスの仕入・売上に関する詳細な記録があります。パソコンで使える「在庫管理システム」「顧客管理システム」といったソフトもたくさん市販されていますし、それでなくても伝票や帳簿で記録されているはずです。

　こうした「社内記録」が、利用すべき第1の情報です。何しろタダで、とくに手間をかけないで入手できますからね。社内記録を調べるだけでも、ターゲットの絞込みなどに役立つ商品の売上データや、ポジショニングに活かせる顧客の情報が得られるでしょう。

　さらに、統計的手法を扱える社内・社外の専門家に分析してもらえば、これまで誰も気づかなかった市場の可能性や、最新の顧客のトレンドが発見されるといったこともあるのです。

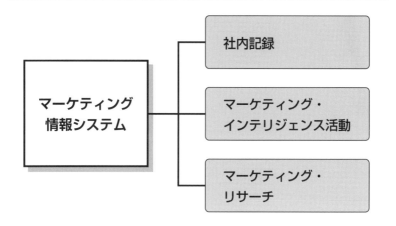

マーケティングに役立つ３つの情報

マーケティング
情報システム

社内記録

マーケティング・
インテリジェンス活動

マーケティング・
リサーチ

マーケティング・リサーチとともに、社内記録、
インテリジェンス活動の情報が役に立つ

「インテリジェンス活動」のアンテナも立てておく

　第２の「マーケティング・インテリジェンス活動」とは、要する
に情報収集活動のことです。

　「インテリジェンス」は、アメリカのＣＩＡのような諜報機関も
意味しますが、そこまでいかなくても、本や新聞を読んだり、イン
ターネットで検索したり、さらに顧客や取引先、社内の担当者の話
を聞くだけで、マーケティングに役立つ情報収集ができます。

　逆にいえば、マーケティングの戦略を立てようとするなら、ふだ
んから本や新聞を読んだり、人の話を積極的に聞いたり、つねにア
ンテナを立てておく必要があるということですね。

　こうした社内記録、マーケティング・インテリジェンス活動に加
えて「マーケティング・リサーチ」があるのです。（次項に続く）

19

データを利用する？
実地調査をする？

■ マーケティング・リサーチの手順は6段階で

　コトラーによれば、**マーケティング・リサーチ**は右の図のような6段階で行なうのが効果的です。実際に、自分でマーケティング・リサーチを行なうという機会は少ないでしょうが、外部の業者に依頼するにしても必要な知識です。覚えておきましょう。

　最初に、リサーチで何を調べるのか、**問題と目的を明確化**しておくことが大切です。その問題と目的にそって調査計画を作成しますが、そこでは、右のようなさまざまな要素を決めなければなりません（次項参照）。

　計画ができたら、調査を実施して情報を収集し、それを分析して調査結果を提出。それにもとづいて、戦略の決定権者が意思決定を行なうというのが基本的な手順です。

■ 「2次データ」「1次データ」どちらを収集するか

　計画の最初の段階で重要なのは、「2次データ」「1次データ」のどちらか、または両方を収集するのか、決めることです。

　「2次データ」というのは、各種の調査や統計など、すでに収集されているデータのこと。無料か、ごく安いコストで入手できますが、反面、目的にピッタリ合ったものはなかなか見つかりません。

　そこで、まずはコストの安い2次データにあたり、情報が古かったり不足する部分について実地調査を行なって、目的にそった新規のデータ＝「1次データ」を収集するのが効率的な方法となります。

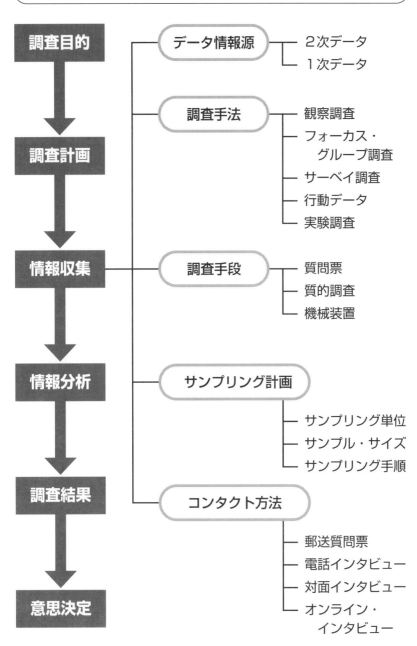

「マーケティング・リサーチ」とは？

調査目的		
調査計画	データ情報源	2次データ 1次データ
情報収集	調査手法	観察調査 フォーカス・グループ調査 サーベイ調査 行動データ 実験調査
情報分析	調査手段	質問票 質的調査 機械装置
調査結果	サンプリング計画	サンプリング単位 サンプル・サイズ サンプリング手順
意思決定	コンタクト方法	郵送質問票 電話インタビュー 対面インタビュー オンライン・インタビュー

20

マーケティング・リサーチ
手法のいろいろ

アンケートや観察など「調査手法」のいろいろ

　インターネットの普及もあって、最近は官公庁の統計などが入手しやすくなりました。しかし、マーケティング・リサーチにあたっては、そのような2次データだけで必要なものがそろうケースはまれです。1次データの収集方法を知っておきましょう。

　前ページの図をもう一度見てください。1次データの収集にあたっては、「調査手法」と「調査手段」を決める必要があります。

　まず、**調査手法**としては右の表のような5つがあります。マーケティング・リサーチというと、すなわちアンケートのイメージが強いですが、ときには観察することや、実験をすることが有効な場合もあるのです。

質問票など「調査手段」もいろいろある

　次に**調査手段**とは、どんな道具立てで調査をするかということ。主な手段として「質問票」「質的調査」「機械装置」があります。

　「**質問票**」はおなじみのものですが、「**質的調査**」というのは量的でない、観察調査やインタビューの手段を指します。「**機械装置**」は、ICカードやGPSその他さまざまな最新機器を使用して行なう調査手段のことです。

「サンプリング計画」と「コンタクト方法」を決める

　ここで前ページの図をもう一度見てください。調査手法と調査手

「マーケティング・リサーチ」の調査手法

観察調査	来店した顧客の様子や行動など、調査対象の人と環境を観察する
フォーカス・グループ調査	特定の条件によって選ばれた6〜10人のグループに討論をしてもらう
サーベイ調査	質問票やインターネットのアンケートで直接、質問に答えてもらう
行動データ	顧客の取引履歴や問い合わせ、クレームなどの行動を分析する
実験調査	期間によって同じサービスの価格を変えてテスト販売するなど、実験を行なう

段が決まったら、サンプルのとり方と、調査対象とのコンタクトのとり方を決める必要があります。

　マーケティング・リサーチは、きちんとした統計調査でなければなりません。ですから、調査対象全体（母集団）から標本（サンプル）をどう抽出するか、決めておくことが必要なのです。

　「**サンプリング計画**」では、母集団をどこまでとするか＝「**サンプリング単位**」、何件のデータをとるか＝「**サンプル・サイズ**」、サンプルをどう抽出するか＝「**サンプリング手順**」を決めます。

　一方、「**コンタクト方法**」は、調査対象と接触する方法を決めるものです。主なコンタクト方法としては、「**郵送質問票**」を送って答えてもらう方法のほか、「**電話インタビュー**」、「**対面インタビュー**」、ウェブ上に質問票を掲載したり、チャットを利用する「**オンライン・インタビュー**」があります。

21 「メガトレンド」を
見極めよう

「ファッド」「トレンド」「メガトレンド」とは

　マーケティング・リサーチを行なう目的の1つは、有望な市場を見つけることにあります。これから有望な市場は、現在の状態というより世の中の流れ──トレンドを見極めることによって見つかるものです。

　コトラーによれば、世の中の流れには「ファッド」と「トレンド」の2つがあります。「ファッド」は短期的で、重要性が低い流れ。それに対して「トレンド」のほうは勢いがあり、連続性がある世の中の流れです。

　アメリカの未来学者ジョン・ネイスビッツは、これに加えて、自分の本の書名から「メガトレンド」という言葉を有名にしました。トレンドよりもっと大きく、もっと長く続く世の中の流れです。

「マクロ環境」のトレンドに注意する

　企業をとりまく環境には「マクロ環境」と「ミクロ環境」があります。「ミクロ環境」とは、顧客、競合他社、取引先、仕入先などのことです。

　一方、「マクロ環境」は企業がコントロールできないもので、右の図の6つの要因があります。このマクロ環境のトレンドこそ、有望な市場を見つけるために注意を払うべきところです。

　まず、「デモグラフィック」とは「人口統計学的」といったほど

「マクロ環境」6つの要因とは？

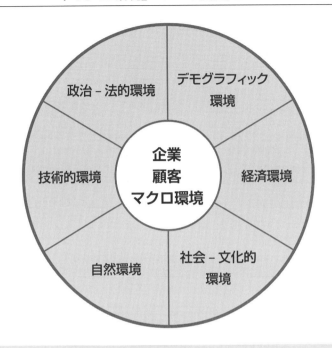

これから有望な市場を見つけるには
マクロ環境6つの要因のトレンドに注目する

の意味で、「デモグラフィック環境」には、人口やその推移、年齢分布や家族形態などがあります。

「経済環境」は、消費者の購買力に影響する経済成長率や所得分布など、「社会 – 文化的環境」は価値観やライフスタイルといったものです。

「自然環境」には、資源やエネルギーの需給などが含まれ、技術革新の急速な進歩は「技術的環境」を大きく変えています。そして最後に、「政治 – 法的環境」による規制や規制緩和、特定の政策の推進などが、マーケティングに大きな影響を与えているのです。

小さな会社でも使える 「弱者の戦略」とは？

　中小の会社でも、大企業と戦える弱者の戦略として有名なものに「ランチェスターの法則」があります。イギリスの航空技術者フレデリック・ランチェスターが第一次大戦中の空中戦を分析して、どうすれば勝てるかを法則としてまとめたものです。

　それが1950年代から日本でも、経営戦略として応用されて「ランチェスター戦略」「ランチェスター経営」などと呼ばれるようになりました。

　ランチェスターの法則には、第１法則と第２法則がありますが、有名なのは第１法則のほうです。とくに、大企業に対して中小企業でも戦いを挑める、弱者の戦略の部分が注目されました。その戦略とは、まとめると次の５つです。

---

　①局地戦、②一騎討ち、③接近戦、④一点集中、⑤陽動作戦

　これを経営戦略に置き換えると、たとえば、①小さな市場で戦う（局地戦）、②競争相手の少ない市場で戦う（一騎討ち）、③広告より販売促進に重点を置く（接近戦）といったところでしょうか。

　とくに、④一点集中は、小さな会社でもすべての経営資源を小さな市場に集中すれば、大企業がその市場に投下する経営資源を上回り、勝てる可能性があります。

　ちなみに、第２法則は強者の戦略で、以上のような第１法則の裏返しのようなものです。

3章

「顧客」と「市場」について知ろう

22
「消費者のニーズ」って何だろう？

「ニーズ」「ウォンツ」「デマンズ」とは？

「顧客のニーズから出発する」「消費者のニーズをつかむことが大切」などなど、私たちは何気なくニーズという用語を使っていますが、「ニーズ」とはいったい何のことでしょう？

「マーケティングの神様」コトラーは、人間の欲求の段階をあらわす用語として次の3つを使っています。

①**ニーズ（必要）**……ばく然と欲求が満たされていないと感じる
　例：「外出先でも快適に動画が見られたらいいなあ」
②**ウォンツ（欲求）**……特定のものを欲しいと考える
　例：「そうだ、高速・大容量の通信なら快適に見られるな」
③**デマンズ（需要）**……具体的にどの商品を買いたいと思う
　例：「iPhoneの安い機種なら買えそうだ。買おう」

ニーズにもいろいろある

しかし現在のマーケティングでは、顧客がはっきりと意識しているかどうかで、ニーズとウォンツを使い分けることも多くなっています。つまり、ウォンツという用語を「顧客が自覚していない潜在的なニーズ」の意味で使うわけです。

要は、ニーズにもいろいろあることを知っておくことです。コトラーは、ニーズには右の図の5つのタイプがあると言っています。④の「喜びのニーズ」はわかりにくいかもしれませんが、売り手側からの、サプライズも期待されていると考えればよいでしょう。

「ニーズ」にも5つのタイプがある

①明言されたニーズ

例 顧客は最初に「安いスマホが欲しい」と言った

②真のニーズ

例 顧客は、本当はトータルで月々の支払いが安いスマホを欲しがっている

③明言されないニーズ

例 顧客は、特別な割引プランが使えないかと期待している

④喜びのニーズ

例 顧客は「最初の3か月は無料」と聞いて喜んだ

⑤隠れたニーズ

例 顧客は友人に「トクしちゃった」と自慢したい

顧客の言ったことだけがニーズとは限らない。
自覚していないニーズを察することも大切

23

顧客が欲しいのは「ドリルでなく穴」？

顧客は「ベネフィット」を買いにくる

　この項のタイトルは、初めて見る人には何のことか見当もつかないかもしれません。元は、アメリカの経営学者**セオドア・レビット**が紹介したもので、マーケティングの格言の1つです。

　「顧客は、4分の1インチのドリルが欲しいのではない。4分の1インチの穴が欲しいのだ」

　つまり、ドリルを買いにきた顧客は、ドリルを欲しがっているように見えて、実は穴が開けられる何かを求めているということです。必要な穴が開けられるなら、別の道具でも、代わりに穴を開けてくれるサービスでも、ドリルでなくてかまわないのです。

　言い換えると、顧客は商品やサービスを買っているのではなく、その商品やサービスから得られる効果のようなものを買っているということです。この効果、効用のことを「**ベネフィット**」と呼びます。日本語では「**便益**」とか「**便益価値**」などと訳される用語です。

ニーズに応えるのは商品やサービスではない？

　顧客が買っているのがベネフィットだと理解しておかないと、ニーズというものを理解することもできません。会社は、単に商品やサービスを提供してニーズに応えているのではないのです。

　会社は、顧客のニーズを満足させるためにベネフィットを提案し、それを提供することによってニーズに応えています。ベネフィット自体は形のないものですが、会社が商品やサービスとして提案し、

会社は「ベネフィット」を提供している

「顧客はドリルが欲しいのではない、
　穴が欲しいのだ」

↓

顧客に提供するのは単なる
商品やサービスでなく

ベネフィット

↑

「化粧品をつくっているが、
　売っているのは美しくなる希望」

商品やサービスから得られる価値、効果、効用
などのことを「ベネフィット」と呼ぶ

提供することで形が与えられます。

　ベネフィットについて、**コトラー**があげた例も紹介しておきましょう。
　「口紅を買う女性は、唇に塗る色を買っているのではない」
　この例をあげて、化粧品会社レブロンの言葉を紹介しています。
「われわれは工場では化粧品をつくっているが、店では美しくなる
希望を売っている」──人に説明するときは、こちらのほうがちょ
っとロマンチックでいいかも。

24 「顧客満足」とは 要するに何か

QSPの3本柱が「顧客価値」を支える

　ベネフィットを提供できればマーケティングは成功かというと、そうはいきません。

　市場には、自社のもの以外にも、たくさんの商品やサービスがありますからね。顧客はその中で、いちばん価値がありそうなのはどれかと比較検討して選ぶものです。そしてこの場合の「価値」には、ベネフィットのほかに価格の要素があるのです。

　このような価値を「**顧客価値**」と呼びます。

　顧客価値について、よく引き合いに出されるのが「**顧客価値の3本柱**」です。「**品質**」「**サービス**」「**価格**」の3つのことで、クオリティ・サービス・プライスの頭文字をとって「**QSP**」ともいいます。

　この3本柱が顧客価値を支えるわけですが、あまり単純な柱ではありません。なぜなら、品質とサービスの柱が高ければ顧客価値も高くなりますが、価格の柱は高くなるほど、顧客価値が低くなってしまうからです。

期待が大きいほど「顧客満足」は…

　顧客価値と並べて語られる用語に「**顧客満足**」があります。英語では**カスタマー・サティスファクション**、略して「**CS**」とする表記もよく見かけますね。

　「**顧客満足**」とは、顧客の期待に対して商品やサービスを購入した結果がどうだったか、顧客自身が比べた評価のことです。

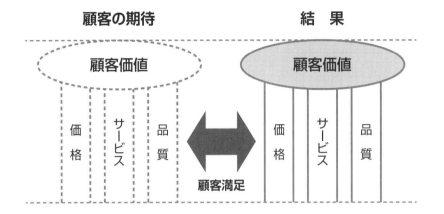

「顧客価値」「顧客満足」とは？

顧客の期待　　　　　　　　　　結　果

顧客価値　　　　　　　　　顧客価値

価格　サービス　品質　　⟷　価格　サービス　品質

顧客満足

**「顧客満足」とは、期待と結果を比べた顧客の評価
のこと。期待どおりならば満足してもらえる**

　結果が期待ほどでなければ、あまり満足してもらえません。期待
どおりなら満足、結果が期待以上だったら大満足となるでしょう。

　顧客満足は期待と比べた評価ですから、マーケティング上は注意
が必要です。というのは、マーケティングの４Ｐにはプロモーショ
ン（コミュニケーション）が入っています（☞18ページ）。プロモ
ーションでよい印象を与え、大きな期待を持たせるほどハードルが
高くなり、顧客が満足してくれない可能性も高まるということです。
　顧客満足の度合いが低い商品やサービスは、一度は買ってくれて
も、リピーターにはなってもらえないでしょう。
　といって、ほどほどの期待を持たせるのでは、商品やサービスの
売れ行きもほどほどになってしまいます。やはり、期待を高めるプ
ロモーション以前に、顧客価値の高い商品やサービスの開発が欠か
せないのです。

25

「顧客価値」は 簡単に決められない

顧客獲得のコストと利益を比べてみると

顧客がQSP（品質、サービス、価格）で顧客価値を測るように、売り手の会社側も顧客の価値を測ることができます。簡単にいえば、顧客が買い物をしてくれて上げた利益から、顧客を獲得するのにかかったコストを引いた差額。これが会社にとっての顧客の価値です。

たとえば、顧客を獲得するのに、販売員の人件費やらプロモーション費用やらで7万円かかるとしましょう。もし、顧客が年に5万円の買い物をして売上を上げてくれたら、差額のマイナス2万円が売り手側にとっての顧客の価値……これでは大赤字ですね。

でもこの計算、何かおかしくありませんか？

だって売上の額がそのまま利益にはならないし、顧客の買い物は1年で終わりとは限らないでしょう。当初の買い物で満足してもらえれば、何年も、何十年も顧客になってくれるはずです。

売り手にとっての顧客の価値は、たった1年くらいの売上で測ってはいけないのです。

一生の間にもたらしてくれる利益を計算する

そこで、必要になるのが「顧客生涯価値」という考え方です。英語では、カスタマー・ライフ・バリューの頭文字をとって「CLV」。要するに、顧客が一生の間にもたらしてくれる売上から、通常のコストを引いて、顧客がもたらしてくれる利益の総額を計算します。顧客獲得のためのコストと比べるなら、この顧客生涯価値を

「顧客生涯価値」を計算しよう

 例
●顧客獲得のためのコスト：　　7万円

＜顧客生涯価値の計算＞

●顧客が1年間にもたらす売上：5万円

●顧客であり続ける年数：　　　20年

●通常のコストを引いた利益率：　10%

顧客生涯価値＝5万円×20年×10%＝10万円

顧客獲得コストとの差額＝10万円－7万円＝3万円

> **「顧客生涯価値」を計算してみれば**
> **必要な売上、かけていいコストがわかる**

計算しなければいけません。

　顧客生涯価値を計算するには、顧客の年間の売上とともに、何年間にわたって顧客であり続けてくれるかを見積もります。また、売上から通常のコストを引いた利益率の数値も必要です。年間の売上に年数と利益率を掛けると、顧客生涯価値が求められます。

　この方法で先ほどの計算をやり直すと、上の計算例のように十分な利益がもたらされているとわかりますね。顧客生涯価値の計算は平均値のほか、顧客一人ひとりについて行なうこともできます。

　もし、この計算でもマイナスになるようなら大変です。何しろ、顧客を獲得すればするほど、赤字が増えるわけですから。顧客の年間売上を増やすなどして顧客生涯価値を高めるか、あるいは顧客獲得のためのコストを下げるか、対策を講じなければなりません。

26

顧客と長いお付き合いをするための「CRM」

会社の顧客資産＝「カスタマー・エクイティ」を増やそう

　会社の全顧客の顧客生涯価値（前項参照）の総合計を「カスタマー・エクイティ」といいます。エクイティは純資産というほどの意味ですから、顧客は会社にとって財産だという考え方です。

　では、会社の顧客資産＝カスタマー・エクイティを増やすには、どうしたらよいでしょうか？　まず考えられるのは、新規顧客を増やし、離れないように維持することですね。カスタマー・エクイティは全顧客の総額ですから、顧客が多いほど総額も増えます。

「顧客ロイヤルティ」を高める

　しかし、それだけが方法ではありません。前ページの計算例をもう一度見てください。顧客生涯価値は、年間の売上と年数と利益率を掛けたものです。1人の顧客が、よりたくさん買ってくれるようにすることでも、カスタマー・エクイティを増やせるでしょう。

　そしてもう1つ、方法があります。それは、年数を増やすこと。つまり、顧客により長く顧客であり続けてもらい、いつまでも購入し続けるようにしてもらうのです。

　まるで商品やサービスに忠誠を誓ったかのように、購入し続けてもらうわけで、このような心理を「顧客ロイヤルティ」といいます。

「CRM」で顧客との関係を強いものに

　よりたくさん商品を買ってもらい、より長く顧客であり続けても

顧客との関係を強く、太くする方法

①　金銭的ベネフィット

マイレージ・プログラムなど
会員制友の会など

②　社会的ベネフィット

顧客ごとに担当者を付けるなど

③　構造的結び付き

コンピュータ・システムの提供など

らう——それには、一人ひとりの顧客との関係を強く、太いものにすることが必要です。

そのために活用される手法に「**カスタマー・リレーションシップ・マネジメント**」（**CRM**）があります。日本語にすると「**顧客関係管理**」となりますが、要するに顧客データベースをつくって、一人ひとりの顧客と長期的な関係を築こうという手法です。

顧客との関係を強いものにするには、上の３つの方法があります。

まず、顧客に何らかのベネフィット（☞60ページ）を与えること。マイレージや会員制などで「**金銭的ベネフィット**」を与える方法と、顧客ごとに担当者を付けるなどして、特別な人間関係を築き「**社会的ベネフィット**」を与える方法があります。

顧客が企業の場合は、取引を容易にするコンピュータ・システムを提供するなどして「**構造的結び付き**」を強めるのも方法です。

27

顧客は買うまでに
長い「旅」をしている

📋 顧客像を「ペルソナ」として設定する

　顧客のニーズをより具体的に理解するために、マーケティングでは「ペルソナ」というものを設定することがあります。もともとは、西洋古典劇で使われる仮面のことですが、マーケティングでは顧客のモデルの意味です。つまり、商品やサービスを購入してくれる顧客の、典型的な人物像、顧客像を考えるわけですね。

　ペルソナは、右上の図のようにかなり細かく設定します。まるで実在の人物のようにイメージし、具体化することが大切です。

📋 「カスタマー・ジャーニー・マップ」を描く

　ペルソナを設定したら、「カスタマー・ジャーニー・マップ」を描きます。カスタマー・ジャーニーとは、直訳すれば「顧客の旅」ですが、顧客が商品やサービスを知ってから、どのような道のりを経て、購入までたどりつくかを旅にたとえたものです。購入に至るまでに何を感じ、どのように考えて、どんな行動をとるか、などを描いていきます。

　具体的には、たとえば横軸に「認知・注目」「興味・関心」「比較・検討」「購入・行動」といったフェーズをとり、縦軸には「タッチポイント（接点）」「行動」などをとります。そして、横軸と縦軸が交差する場所に、ペルソナの「思考・感情」、それに対する「課題」や「施策」を描き込んでいくわけです。こうしてカスタマー・ジャーニー・マップを描くと、顧客の行動がよく理解できます。

ペルソナとカスタマー・ジャーニー・マップ

【ペルソナで設定すること（例）】

- 性別・年齢・居住地など（基本的な設定）
- 職業・役職・業務内容・最終学歴など（仕事）
- 年収・世帯年収・貯蓄性向など（経済状況）
- 配偶者または恋人、子供、両親の有無など（家族構成）
- 親しい友人・職場の同僚・近所の付き合いなど（人間関係）
- 平日の過ごし方、休日の過ごし方など（生活パターン）
- 人生経験・現在の悩み・将来の展望など（ライフステージ）
- ものの考え方・こだわり・ライフスタイルなど（価値観）
- 仕事帰りや休日にしていることなど（趣味・興味）
- インターネット環境・利用状況・デバイスなど（通信環境）

【カスタマー・ジャーニー・マップとは】

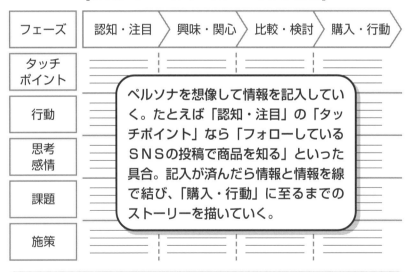

フェーズ	認知・注目 〉 興味・関心 〉 比較・検討 〉 購入・行動 〉
タッチポイント	
行動	
思考感情	
課題	
施策	

ペルソナを想像して情報を記入していく。たとえば「認知・注目」の「タッチポイント」なら「フォローしているSNSの投稿で商品を知る」といった具合。記入が済んだら情報と情報を線で結び、「購入・行動」に至るまでのストーリーを描いていく。

ペルソナを設定して、カスタマー・ジャーニー・マップを描くと顧客の行動が理解できる

28

何を買うかを決めている決定的要因とは？

「文化的要因」がとくに重要

　結局のところ、顧客はどのようにして、何を買うかを決めているのでしょうか。

　コトラーは、消費者の購買行動に影響を与える要因が大きく分けて３つあるとしています。右の図の「文化的要因」「社会的要因」「個人的要因」の３つです。

　「**文化的要因**」は、まず文化そのものとサブカルチャー。この場合のサブカルチャーとは、国籍・宗教・人種・地域などを含む、副次的な文化をさします。

　次に社会階層は、要するに上流とか中流とかいうこと。職業や収入など複雑な要素で決まり、１人の人でも変わることがあります。

　このような、人が育ってきた文化や、現在の社会階層が、何を買うか──消費者の購買行動に第一の影響力を持っています。

「社会的要因」「個人的要因」も影響している

　「**社会的要因**」としては、準拠集団、家族、社会的な役割と地位があります。

　「**準拠集団**」については改めて説明するとして（次項参照）、家族は社会的要因の中でも最も重要です。なぜなら、子供の時代には親の強い影響があるし、大人になってからの購買行動は配偶者と子供の直接的な影響を受けるでしょう。

　また、社会的な役割と地位──公務員だとか社長だとかが、買う

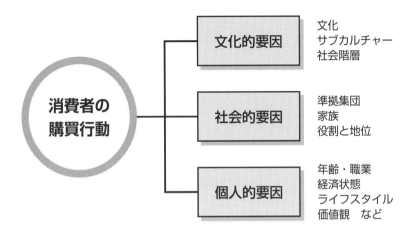

何が消費者の行動に影響しているか

消費者の
購買行動

文化的要因
文化
サブカルチャー
社会階層

社会的要因
準拠集団
家族
役割と地位

個人的要因
年齢・職業
経済状態
ライフスタイル
価値観　など

大きく分ければ３つだが、それぞれに要因があって
購買行動は単純ではない

服やクルマに影響するのは、いうまでもありません。

　「**個人的要因**」は、要するに個々人の特性のことです。年齢・職業・経済状態をはじめ、ライフスタイル、価値観といったものが含まれます。パーソナリティ（どんな性格か）や、自己概念（自分をどう見ているか）まで、購買行動に影響しているものです。

　このように、購買行動に影響を与えている要因は単純ではありません。以下、主な要因について少し詳しく見ていきましょう。

29 影響力大の「オピニオン・リーダー」を探せ

「準拠集団」とはどういうものか

前項の社会的要因に出てきた「準拠集団」について、まず説明します。

人は何かを購入する際に、自分1人で決めているわけではありません。たとえば、ランチを1人で食べるにしても、同僚の○○さんが「おいしい」といっていた店を選んだりします。

あるいは、奥さんが「野菜も食べてね」といっていたのを思い出し、サラダバーを追加することもあるでしょう。1人で選んでいるようでも、実は誰かの影響を受けて決めていることが多いのです。

このように、家族や職場の同僚など、個人の購買行動に影響を与える人たちを「準拠集団」といいます。

準拠集団は日常の会話などで、個人に新しいライフスタイルや情報を伝えたり、価値観を変えたりしているのです。また、知らずしらず、周りと同じ選択をするよう仕向けている一面もあります。

右の図のように、家族・友人・職場の同僚・近所の人など、個人的な付き合いの範囲が「第1次準拠集団」、職場団体・地域自治会など、公的でそれほど密でない付き合いが「第2次準拠集団」です。

「オピニオン・リーダー」がいる（ことが多い）

準拠集団が重要なのは、その中に「オピニオン・リーダー」がいることが多いという理由もあります。オピニオン・リーダーとは、ある分野の情報に強く、個人の購買行動に大きな影響力を持つ人の

「準拠集団」「オピニオン・リーダー」の影響力

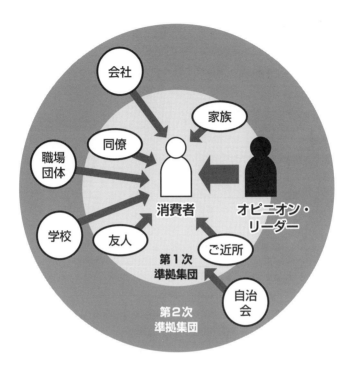

会社
家族
同僚
職場団体
消費者
オピニオン・リーダー
学校
友人
ご近所
第1次準拠集団
自治会
第2次準拠集団

ことです。あなたの周りにも「○○のことなら××さんに聞け」といわれるような人がいるのでは？

　マーケティングでは、どんな人たちがオピニオン・リーダーなのか探し出し、その人たちに向けたプロモーション（コミュニケーション）を行なうことも重要な仕事です。たとえば、ある商品のオピニオン・リーダーが女子高生だと分析できたら、女子高生に人気の雑誌や、インターネットのサイトに広告を打つ、といった具合です。

30 データではわからない 「ライフスタイル」

📊 数字や分類であらわせない 「サイコグラフィック特性」

71ページの図をもう一度見てください。「個人的要因」に年齢・職業、経済状態と並んで、ライフスタイル、価値観とありますね。たしかに、これらも個人的要因には違いないのですが、並んでいるのはヘンな感じがしませんか?

年齢・職業、経済状態、それに性別・未婚既婚の別なども含めて、これらは数字や分類であらわせる要因です。こうした要因は「**デモグラフィック (人口統計学的) 特性**」といい、マーケティングのデータとしてよく利用されています。数字などであらわせるからです。

一方、ライフスタイルや価値観は、数字ではあらわせないし、分類もむずかしいでしょう。こちらは「**サイコグラフィック (心理学的) 特性**」といい、消費スタイル・パーソナリティ (性格) といったものも含まれます。

📊 「ライフスタイル」 の分析も重要

デモグラフィック特性の要因は、明確で扱いやすいですが、実は、データ上は同じなのに、違う購買行動になる人が少なくありません。それはなぜかといえば、サイコグラフィック特性の要因が異なるからです。逆に、デモグラフィック特性はまるで違うのに、サイコグラフィック特性が同じために、同じ購買行動になる人もいます。

そこで、現代ではサイコグラフィック特性の研究も進められ、個人の活動や関心事、意見などを調査・分析する「**ライフスタイル分**

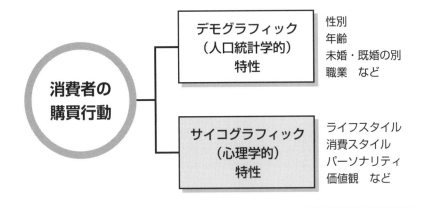

数字やデータにあらわれにくい要因がある

消費者の
購買行動

デモグラフィック
（人口統計学的）
特性

性別
年齢
未婚・既婚の別
職業　など

サイコグラフィック
（心理学的）
特性

ライフスタイル
消費スタイル
パーソナリティ
価値観　など

「ライフスタイル」や「感性消費」は数字や
データにあらわれにくいので注意が必要

析」の手法が開発されて、重要なツールになっています。

「感性消費」にも注意が必要

　消費者の多様化がさらに進んだ現在では、ライフスタイルなどの分析でも捉えきれない現象が見られるものです。

　たとえば、「感性消費」と呼ばれる消費行動があります。普通、人が何かを買うときは、品質やサービス、価格が「よいか悪いか」で選んでいると考えるのが、従来の常識です。ところが、現代の消費行動では、よいか悪いかより「好きか嫌いか」で選んでいるケースも多いのです。

　このような、感覚的な判断による消費行動が「感性消費」です。従来、服やカバン、靴など趣味性の高い商品に限られるとされていましたが、近年は家電製品なども、好き嫌いで選ばれる傾向が強くなっています。注意しておきましょう。

「セグメンテーション」は市場を細分化する

📟 マス・マーケティングから「ミクロ・マーケティング」へ

　ここまで見てきたような、多種多様な消費者で構成されているのが「市場」です。

　昔のマーケティングは、この市場全体に対して1つの商品やサービスを大量生産・大量販売し、大々的なプロモーションを行なっていました。そのほうが少ないコストで低価格を実現できて、大きな利益が得られたからです。こういうものを「マス・マーケティング」といいます。

　しかし、消費者はますます多様化し、マス・マーケティングはむずかしくなっているのが現代。そこで、必要になるのが「セグメンテーション」＝市場細分化（☞20ページ）というわけです。マス・マーケティングでなく、「ミクロ・マーケティング」が必要とされているのです。

📟 どんどん細分化を進めていくと…

　コトラーの分類では、ミクロ・マーケティングは4つのレベルがあります。

　第1の「セグメント・マーケティング」は、通常の細分化された市場ですが、第2の「ニッチ・マーケティング」では、さらにサブセグメント（ニッチ）に細分化します。ニッチというのは、1社か2社しか参入しない、きわめて小さな市場です。

　一方で、地域のニーズに特化する「地域マーケティング」もあり

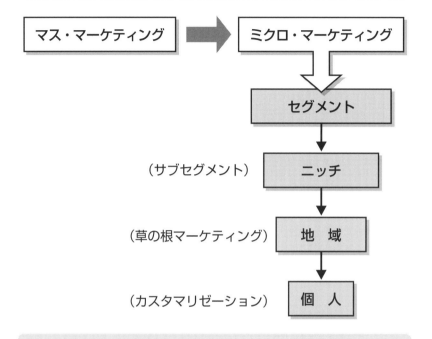

市場細分化には４つのレベルがある

| マス・マーケティング | ➡ | ミクロ・マーケティング |

セグメント

（サブセグメント）　**ニッチ**

（草の根マーケティング）　**地　域**

（カスタマリゼーション）　**個　人**

現代ではマス・マーケティングはむずかしい。
市場細分化でターゲットを絞ろう

ます。できるだけ、地域の個々の顧客に近づこうとするので「**草の根マーケティング**」とも呼ばれるものです。

　そして、細分化を究極まで進めると「個人」になります。顧客が、自分で商品やサービスを、デザインまでカスタマイズできるようにする「**カスタマリゼーション**」など、個人まで細分化した例です。

　以上のように市場細分化を行なってターゲットを絞るわけですが、そもそもどうやったら、市場を細分化して見ることができるでしょう？　その基準については次項で説明します。

32 具体的なセグメンテーションの基準

市場細分化の基準は大きく分けて4つ

右の表は、一般的な消費者市場の細分化の基準（細分化変数）を
コトラーがまとめた例です。

まず、大きな4つのグループがあり、それぞれに具体的な、いわ
ば「目のつけどころ」があります。これらを基準として、市場を細
分化して見るわけです。ほとんどは、これまでの話で出てきたもの
なのでわかるでしょう。

補足的に、少し説明を加えておきます。

まず「**地理的細分化**」には、地域や人口のほか、人口密度、気候
帯といった要素があります。

「**デモグラフィックによる細分化**」は、要するに人口統計学的特
性（☞74ページ）を見るもの。なかでも、年齢と「家族のライフサ
イクル」は注意が必要です。

消費者のニーズは年齢とともに変化しますが、年齢・ライフサイ
クルと、その人の「ライフステージ」（☞81ページ）は同じとは限
らないからです。

次に「**サイコグラフィックによる細分化**」は、心理学的特性（☞
74ページ）に着目して見るもので、ライフスタイルやパーソナリテ
ィがあげられています。

「ベネフィット」や「ロイヤルティ」による細分化も

最も説明が必要なのは「**行動による細分化**」かもしれませんね。

市場細分化のための目のつけどころ

地理的細分化	地域／人口規模／人口密度／気候帯
デモグラフィックによる細分化	年齢／世帯規模／家族のライフサイクル／性別／所得／職業／教育水準／宗教／人種／世代／国籍／社会階層
サイコグラフィックによる細分化	ライフスタイル／パーソナリティ
行動による細分化	オケージョン／ベネフィット／ユーザーの状態／使用量状況／ロイヤルティの状態／購買準備段階／製品に対する態度

**このような要素に目をつけ、
セグメンテーション＝市場を細分化して見る**

これまでに出てこなかった話が、たくさん含まれていますから。

まず「オケージョン」とは、時と場合といったほどの意味ですが、要するにどんな場合に商品やサービスが関わるかを考えるものです。ニーズが発生するオケージョン、商品やサービスを購入するオケージョン、使うオケージョンを考えて、市場を細分化します。

「ベネフィット」は説明済みですが（☞60ページ）、「ユーザーの状態」とは、非ユーザー・元ユーザー・潜在的ユーザー・初回ユーザー・レギュラーユーザーに細分化するもの。「使用量状況」は、ライトユーザー・ミドルユーザー・ヘビーユーザーに細分化します。

以下、細かい説明は省略しますが、「ロイヤルティの状態」は4段階に、「購買準備段階」は「認知していない」から「購入する意思がある」まで6段階に、「製品に対する態度」は「熱狂的」から「敵対的」まで5段階に細分化します。

33

顧客はどの「ライフステージ」にいるのか

「ライフサイクル」から市場細分化を考える

　市場細分化がむずかしいのは、これなら間違いなしという絶対的な基準がないからです。

　たとえば、顧客の行動に大きな影響を与え、しかも明確でわかりやすい基準に「年齢」があります。たしかに人は、年齢によって食べるものも着るものを変わるし、ある年齢の人がこれこれのものを好むといった、一般的な傾向はあるものです。

　ここから「ライフサイクル」という考え方ができます。たとえば、大きなくくりとして子供・大人・高齢者というライフサイクルを考え、それぞれをターゲットとした商品などを開発するわけです。

　しかし、ライフサイクルも単純ではありません。たとえば同じ大人でも、家族に小さな子供を抱えた大人と、成人した子供を持つ大人では、消費行動は違ってくるでしょう。つまり、「家族のライフサイクル」も影響するわけです。

　また、結婚を目前に控えた大人と、夫婦の倦怠期を迎えた大人でも違います。「心理的なライフサイクル」もあるということですね。

さらに「ライフステージ」へ

　さらに、ライフサイクルで同じところにいても、人の一生にはさまざまなドラマが起こるものです。離婚をした、再婚することになった、思い切ってマイホームを購入した、ローンの返済に行き詰まった、早期退職をした、起業して第二の人生にチャレンジ……など

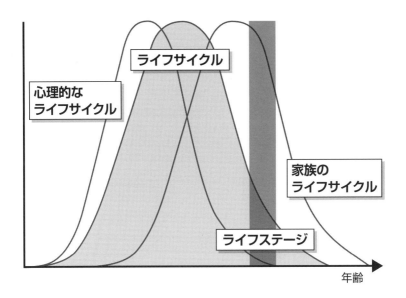

「ライフステージ」まで目を配る

心理的な
ライフサイクル

ライフサイクル

家族の
ライフサイクル

ライフステージ

年齢

市場細分化にあたって、ライフサイクルは重要だが
「ライフステージ」まで目を配ることが大切

など。こうした人生のイベントによって変わる状況を「ライフステージ」として、ライフサイクルと別に考えることもあります。

どのライフステージにいるかによって、人が興味を持つ対象も変わります。早期退職した人の興味の中心は、安全な資産運用かもしれませんが、同じ年齢で起業した人の興味は事業のための資金調達でしょう。そのどちらもが、1つの市場となり得ます。

市場細分化にあたっては、年齢やライフサイクルから出発するにしても、ライフステージにまで目を配ることが大切です。そこにこそ、有望な市場があるかもしれないのですから。

34

選べる「ターゲティング」、5つのパターン

1点に「集中」か「選択」か

市場細分化ができたら、そのうちのどのセグメントをターゲットとするか──「**ターゲティング**」の段階です。ターゲティングは、会社の経営資源の大きさと強み・弱み（☞40ページ）に応じて、5つのパターンのなかから選ぶことができます。

右の図のように、商品やサービスと、市場の組み合わせから、5つのパターンが検討できるのです。

まず、1つのセグメントに集中して、1つの商品やサービスを投入するのが単一セグメントへの「**集中**」（☞45ページ）。ただし集中の戦略には、そのセグメントに大きな変化があると、全滅の可能性も出てくるという高いリスクがあります。

そこで、経営資源に少し余裕があるなら、強みを活かせるセグメントをいくつか選んで「**選択的専門化**」に進む手もあります。

「製品」で選ぶか「市場」で選ぶか、それとも全部か

強力な1つの商品やサービスを持っている場合は、それを関連するいくつかのセグメントに投入する「**製品専門化**」が可能です。

逆に、関連するいくつかのセグメントに強力な販売網を持っているといった場合は、複数の商品やサービスをそこに投入する「**市場専門化**」のパターンが選択できます。

そして、経営資源のあり余る大企業だけがとれるのが、市場の「**フルカバレッジ**」。力にものを言わせて全セグメントをカバーしようという、弱者の戦略ならぬ強者の戦略です（☞56ページ）。

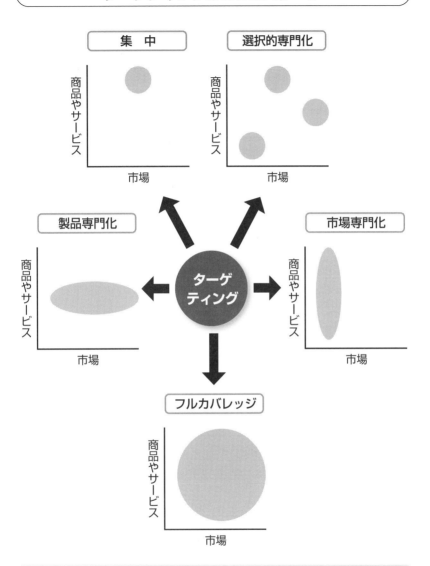

ターゲティングの5つのパターン

集　中

商品やサービス

市場

選択的専門化

商品やサービス

市場

製品専門化

商品やサービス

市場

ターゲ
ティング

市場専門化

商品やサービス

市場

フルカバレッジ

商品やサービス

市場

どのくらいの商品やサービスを、どのくらいの市場
に投入するか、5つのパターンが検討できる

マズローが唱えた
「欲求5段階説」とは？

　アメリカの心理学者アブラハム・マズローは、人間の欲求には段階があるという「マズローの法則」を唱えました。有名な「マズローの欲求5段階説」ですね。

　それによれば、欲求は緊急度に応じて5つの段階に分けられ、人間は緊急度の高い欲求から満たそうとします。そして、その欲求が満たされると、次の段階の欲求を満たそうとするそうです。

　5段階の欲求とはまず、最も緊急度の高い「①生理的欲求」。食べたい、眠りたいなど、人間の生存に関わる欲求です。

　生理的欲求が満たされると次に、身を守りたい、安定したいなど「②安全の欲求」が生まれます。さらに「③社会的欲求」。これは、集団に属したい、人々に愛されたいといった欲求です。

　この欲求が満たされると、さらに進んで「④自我・自尊の欲求」になります。集団に属するだけでなく、集団のなかで尊敬されたい、名声を得たいと思うようになるわけです。

　そして最後に「⑤自己実現の欲求」。これは少しむずかしいですが、自分の能力を最大限に発揮したいとか、自分が思い描くような人になりたいなど、相当に高度な欲求です。

　ちなみに、2014年にマーケティングの神様フィリップ・コトラーが提唱した「マーケティング4.0」では、「自己実現のマーケティング」がキーワードのひとつになっています。モノがあふれる現代、マーケティングは顧客の自己実現をめざすということでしょうか。

4章

強いブランドを育てる 「差別化戦略」

35 「ブランドもの」だけが ブランドじゃない

有名ブランドが「ブランド」なのか？

「ブランド」と聞くと、まず思い浮かぶのはヴィトンやブルガリのような、いわゆる有名ブランドですね。「ブランドもの」といえば、これら有名ブランドの製品のことです。

近年よく聞く○○ブランドとしては、「プライベート・ブランド」というのもあります。大手スーパーなど流通業者が、自社の流通だけで販売する商品群で、同程度の商品が比較的安く買えるところが消費者にとってメリットです。

いまや大手の流通チェーンで、プライベート・ブランドを持たないところはないといっていいほど、当たり前の○○ブランドになりました。

プライベート・ブランドに対して、大手メーカーがつくって全国に展開するような、（プライベート・ブランドより少し割高な）商品を呼ぶときは「ナショナル・ブランド」といいます。

これは直接マーケティングの戦略に関係する話ではありませんが、そのほかにも、右のような○○ブランドをよく耳にするでしょう。

「ブランド」とは要するに何だろう

それでは、高級ブランドやプライベート・ブランド、ナショナル・ブランドなどが「ブランド」なのでしょうか？

そうではありません。アメリカ・マーケティング協会の定義では、ブランドとは「商品やサービスを識別させ、競合他社の商品やサー

いろいろな「ブランド」があるけれど…

プライベート・ブランド

流通業者が自社で
販売するためにつ
くるブランド

ナショナル・ブランド

大手メーカーがつ
くる全国展開のブ
ランド

デザイナーズ・ブランド

有名デザイナーが
デザインするブラン
ド

ノーブランド

量販店などがブラ
ンド名を付けずに
販売するもの

ビスから差別化するための名称、言葉、記号、シンボル、デザイン、あるいはそれらを組み合わせたもの」（一部抜粋）となっています。

　つまり、他社とは違う○○という商品名や、そのデザインなどはみなブランドということです。もし、あなたの会社の商品があまり有名でなく、家族も知らないようなものだったとしても、立派なブランドなのです。

　ただし、先ほどの定義の中に「競合他社の商品やサービスから差別化するための」とある点には注意してください。

　高級ブランドやプライベート・ブランド、ナショナル・ブランドは、名前を聞いただけでわかるほど、他社と「差別化」するために役立っています。

　あなたの会社のブランドがそれほどでないとしたら、ブランドには変わりないとしても、力の弱いブランドだということですね。

36

ブランドに力を持たせるのは「ブランディング」

会社名も店名もブランド

ブランドは、階層で考えることもできます。

有名ブランドでいえば、「ルイ・ヴィトン（ジャパンカンパニー）」という会社自体もブランドですし、Bulgari S.p.A. という会社が所有する「BVLGARI」は、宝飾品から香水、メガネまでそろったブランドです。

ブランドには、右のような5つの階層があるのです。

ですから、大きな会社は必ず複数のブランドを持っています。たとえば、「ミスタードーナツ」「牛角」は、消費者の立場から見ればそれぞれチェーン店の名前かもしれません。

しかしブランドとして見れば、ともに株式会社太陽エンタープライズの事業ブランドですし、「土間土間」「かまどか」もそうです。ブランドを育てる立場の人は、こうした見方も忘れてはいけません。これからは、街で見かけたブランド名に注意するとおもしろいかも。

ブランドの力は「ブランディング」次第

ブランドは、つくっただけで成り立つわけではありません。名称やロゴを見ただけで、他と差別化できるほどの力を持つまでには、さまざまな戦略が必要です。

このように、商品やサービスにブランドの力を持たせることを「ブランディング」といいます。有名ブランドと、名もないブランド（という言い方もおかしいですが）の差は、これまでに行なってきたブランディングの差といっていいでしょう。

ブランドには階層がある

コーポレート（企業）ブランド ➡️ 企業名

 **例** ソニー、マイクロソフトなど

事業ブランド ➡️ 企業グループ内の事業単位

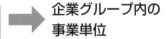 **例** ミスタードーナツ、牛角など

ファミリー・ブランド ➡️ 複数の製品カテゴリー

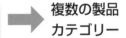 **例** ビオレ、植物物語など

製品群ブランド ➡️ 複数の製品

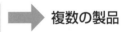 **例** カップヌードル、マルちゃん正麺など

製品ブランド ➡️ 個別の製品

 例 健康ミネラルむぎ茶、やかんの麦茶など

📟 ブランドは会社の財産である

　ブランドの力を持った商品やサービスは、仮にまったく同じ品質の商品やサービスがあったとしても、消費者にとってはプラスアルファの価値があります。早い話、ブランドものかどうかで、何倍も高い価格で喜んで買ってもらえることがありますよね。

　このプラスの価値のことを「**ブランド・エクイティ**」といいます。カスタマー・エクイティ（☞66ページ）と同様、ブランドもまた会社の財産なのです。

37

「ブランド・ロイヤルティ」を高めよう

📋 どんな「ブランド戦略」があるか

　もちろん、商品やサービスをブランド化しない、品質・サービス・価格で勝負、という道もなくはないのです。しかし今日は、生鮮食品ですら「ブランド牛」「ブランド野菜」「ブランド米」などが全盛の時代。ブランディングの力を借りない選択肢は、現実にほとんどないといってよいでしょう。

　ブランド化にあたっては、一般に4つの戦略が考えられます。

　何のブランドも持っていない会社や、会社にとってまったく新しいタイプの商品・サービスの場合は、個別の**製品ブランド**から出発するしかありません。ただし、その商品やサービスが成功すれば、製品群ブランド（☞89ページ）に発展することも多いものです。

　実際、日本コカコーラの缶コーヒー「ジョージア」は、オリジナルからスタートして、現在は50種類以上の製品群を構成しています。

　次に、商品カテゴリーが違う製品を発売する場合などは、**ファミリー・ブランド**とするのが1つの戦略です。たとえば、再春館製薬所の基礎化粧品群は、「ドモホルンリンクル」という1つのファミリー・ブランドになっています。

　また、1つの会社でも、違う製品群を開発するときは、**いくつかのファミリー・ブランド**にすることが多いものです。花王には、洗顔料などのファミリー・ブランドとして「ビオレ」がありますが、乾燥性敏感肌のスキンケア・ブランドは「キュレル」としています。

　さらに、企業ブランドが十分に強い場合には、**製品ブランドと組**

4つのブランド戦略

①個別の製品ブランドにする

例 健康ミネラルむぎ茶、やかんの麦茶など

②1つのファミリー・ブランドにする

例 ドモホルンリンクルなど

③いくつかのファミリー・ブランドにする

例 ビオレ、キュレルなど

④コーポレート（企業）ブランドと組み合わせる

例 アサヒスーパードライ、キリンラガービールなど

み合わせる戦略も可能です。

安定した顧客に、より高く買ってもらえる

　こうしたブランド戦略がうまくいくと、消費者はブランドに強い愛着を感じるようになります。たとえば、ファッション・ブランドのシャネルは、日本で「シャネラー」と呼ばれるほど、全身にシャネル製品をまとった消費者を出現させました。

　このように、あるブランドに対し、まるで忠誠を誓ったかのように購入し続ける傾向を「ブランド・ロイヤルティ」といいます。

　顧客ロイヤルティ（☞66ページ）もそうですが、ブランド・ロイヤルティを高めることは、すなわち、安定した顧客を確保することです。

　また、同じ商品やサービスでも、より高い価格で買ってもらえることにもつながりますから、ファッション・ブランドに限らず、すべての企業・製品ブランドにとって重要な目標になります。

自社ブランドを「ポジショニング」

ポジショニングとは何だろう

　ブランドにとってきわめて大切なのは、市場でのポジションを決めること——すなわち「**ポジショニング**」（☞20ページ）です。

　ファッション・ブランドにしても、すべてのブランドがシャネルのポジションを狙えるわけはないでしょう。もっと安価だったり、カジュアルだったり、別に狙えるポジションは必ずあるはず。

　ポジショニングとは、そうしたブランドの狙いを消費者の頭の中に、狙った位置、狙ったイメージで占めるようにすることです。

　ですから、ポジショニングがうまくいくと、消費者はそのブランドが自分にとって何の役に立つのか、イメージができます。

　売り手の側は、そのイメージにそって商品やサービスを提供していけばよいので、後々の戦略も立てやすくなるというものです。

競争相手を想像してみよう

　最初にすることは、市場での競争相手を想像することです。

　たとえば、女性用の帽子メーカーが自社の商品を「パーティシーンで女性を美しく飾るもの」と考えると、競争相手はドレスから化粧品、香水、アクセサリー、時計等々となって、それこそシャネルが競争相手になってしまいますね。

　しかし、「女性の頭部をオシャレに覆うもの」と考えれば、デザインのよいガーデニング用の帽子とか、ジョギング用のサンバイザーが競争相手になるかもしれません。何を競争相手と想像するかで

ポジショニングのための２つの「連想」

相違点連想	競争相手の商品やサービスから 違わなければいけない点を連想する
類似点連想	競争相手の商品やサービスから 同じでなければいけない点を連想する

> **相違点連想でポジションが決まるが、**
> **類似点連想で最低限必要な条件もチェックする**

まるで違ってくるので、競争相手の範囲がある程度決められれば、
適切なポジショニングができるようになります。

　「マーケティングの神様」**コトラー**によれば、適切なポジショニ
ングの方法は上の２つの「**連想**」です。どちらも消費者の立場に立
って、競争相手と違わなければいけない点、同じでなければいけな
い点を連想します。

　たとえば、消費者目線で、競争相手のガーデニング用帽子がダサ
いと感じたら、そこから連想してこちらはオシャレという「**相違点**」
を見出さなければなりません。

　一方、他社のガーデニング用帽子がＵＶカット加工されていたら、
その連想でこちらにもＵＶカット加工という「**類似点**」が必要です。

　こうして、「紫外線対策にピッタリ！　おしゃれなガーデニング
用レディスハット」というポジショニングができます。

39 ブランド化はすなわち 「差別化」

商品やサービス面での差別化がわかりやすいが…

　ここでもう一度、ブランドの定義を思い出してください（☞86ページ）。ブランドは「競合他社の商品やサービスから差別化するため」のものでしたね。

　商品やサービスをブランド化するためには、**「差別化」**しなくてはいけないのです。ブランド化はすなわち、差別化といってもいいでしょう。

　前項の例では、「おしゃれなガーデニング用レディスハット」という、製品（商品やサービス）の面で差別化を考えました。実際、製品の面での差別化はいちばんわかりやすく、消費者に対する説得力も大きいものです。

　しかし、製品そのもの以外に、差別化の方法がないわけではありません。

それ以外の面でも差別化はできる

　これもコトラーによる分類ですが、差別化の方法には**「製品」「サービス」「スタッフ」「チャネル」「イメージ」**の5つがあります。そして右のように、それぞれにさまざまな手段があるとしています。

　もし、あなたの会社の商品やサービスにこれといった特長がなく、差別化がむずかしいというときにも、別の面での差別化を考えてみてはいかがでしょうか。

ブランドを「差別化」する方法はいろいろある

製品 による 差別化	形態	大きさ、形状、構造は
	特徴	製品の特性は
	性能品質	特徴が機能する水準は
	適合品質	仕様を満たしているか
	耐久性	耐用期間は十分長いか
	信頼性	故障や誤作動しないか
	修理可能性	修理のしやすさは
	スタイル	外観と印象は
	デザイン	品質すべてがどうか
サービス による 差別化	注文の容易さ	注文がどれだけ簡単か
	配達	スピード、正確さなどは
	取付け	取り付けてもらえるか
	顧客トレーニング	使用できるまで教育してもらえるか
	顧客コンサルティング	データ、アドバイスなどを提供してもらえるか
	メンテナンスと修理	良好な状態を保ってもらえるか
スタッフ による 差別化	コンピタンス	技能と知識は
	礼儀正しさ	丁寧かつ親切か
	安心感	信用できるか
	信頼性	一貫した正確なサービスか
	迅速な対応	素早く対応してもらえるか
	コミュニケーション	わかりやすく伝える努力をしているか
チャネル による 差別化	カバレッジ	代理店などが近くにあるか
	専門技術や専門知識	代理店などが必要な技術や知識を教育されているか
	パフォーマンス	代理店の能力は
イメージ による 差別化	アイデンティティ	会社や製品をどのように特徴づけるか
	イメージ	消費者はどのように捉えるか

40 「5つの脅威」＝競争相手を知っておこう

競合他社はわかっていても…

　もう1つ、ブランドの定義が教えてくれるのは、差別化の相手が「競合他社」だということです。差別化の方法とともに、競合他社のことも知っておく必要があります。

　というと、「競合他社ならわかってるよ」という人が多いかもしれませんね。たしかに、競合他社も知らないのではビジネスマン失格。しかし実は、企業の競合他社の範囲は意外に広いものです。そして、現在の競合他社のほかに、将来、新たな競合他社が出てきて競争に加わる可能性もあります。

　おまけに、競合他社ではない、別の競争相手の存在も……。

「ファイブ・フォース・モデル」とは

　「3つの基本戦略」（☞44ページ）を提唱したアメリカの経営学者マイケル・ポーターは、著書『競争の戦略』の中で「ファイブ・フォース・モデル」＝5つの脅威という形で競争相手を説明しています。

　それによると、第1の脅威はいうまでもなく現在の「競合他社」です。それに加えて、「新規参入業者」が登場して競合他社となる可能性もあります。これが第2の脅威。

　第3の「代替品」というのは、同じニーズを満たす別の商品やサービスのことです。たとえば、ハンバーガー・ショップの競争相手はハンバーガー・ショップと考えがちですが、ファストフードという市場で考えれば、牛丼やコンビニのおにぎりだって競争相手でし

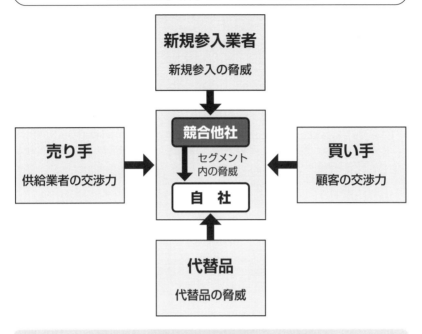

会社の競争相手は「5つの脅威」

```
          新規参入業者
          新規参入の脅威
              ↓
          ┌─────────┐
売り手  →  │ 競合他社 │  ← 買い手
供給業者    │ セグメント │    顧客の交渉力
の交渉力    │ 内の脅威  │
          │    ↓    │
          │  自 社  │
          └─────────┘
              ↑
            代替品
          代替品の脅威
```

> 競合他社、新規参入だけでなく、代替品や、
> 顧客、供給業者まで会社を脅かす脅威となる

ょう。「手軽におなかを満たす」というニーズは同じなのです。

　第4の脅威は意外なことに、商品やサービスを購入してくれる「**買い手**」になります。顧客が会社の場合は、価格の引下げを求めてくるかもしれません。交渉力に負けて応じると、会社の収益は悪化しますが、これは商品やサービスが売れないのと同じことです。

　同様に「**売り手**」も第5の脅威となります。仕入先の供給業者が仕入価格の引上げを求めてきたら、同じく会社の収益性は悪くなるからです。

　このように、競合他社だけでなく、会社には5つの脅威＝競争相手がいるのです。

41

あなたの会社の「競争戦略」の選び方

 リーダーはシェアを守りつつ市場を拡大する

　市場の中でどうやって競争相手と戦っていくか——市場でのシェア（市場占有率）によって会社を分類すると、競争のポジションというものがわかります。

　たいていの業界には、「マーケット・リーダー」と自他ともに認める1社があるもの。

　このリーダーの戦略は、第1に**市場自体が拡大するような努力を**することです。なぜなら、市場の需要が増えれば、ほぼ自動的にリーダーの売上も増えるからです。

　第2には、**現在のシェアを守る**こと。そして第3には、**できればシェアを広げる**ことです。

 2番手以降はチャレンジャーかフォロワーを選ぶ

　業界2番手以降の会社は、チャレンジャーの戦略かフォロワーの戦略を選べる立場です。

　「マーケット・チャレンジャー」の戦略を選んだ場合は、積極的に攻撃をかけて他社のシェアを奪います。リーダーへの攻撃はリスクが高い代わり、リターンも大きいはず。

　一方、「マーケット・フォロワー」の戦略は、挑戦するより追随（フォロー）すること。通常はリーダーの真似をして、市場に似たような製品を送り出します。この戦略では、リーダーになることはできませんが、製品の開発コストがあまりかからないので、会社としては高い収益率が期待できるでしょう。

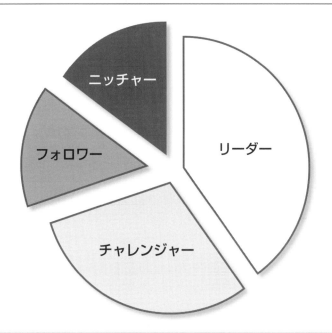

シェアから競争戦略のポジションがわかる

ニッチャー

フォロワー

リーダー

チャレンジャー

リーダーはシェアトップの企業、2番手以降は
チャレンジャー、フォロワー、ニッチャーになる

小さな会社ならニッチャーの選択も

　最後に、市場全体でチャレンジャーやフォロワーになる代わり、市場の中の小さなセグメント（ニッチ）でリーダーを狙う戦略もあります。「マーケット・ニッチャー」がそれで、ごく小さな会社でも選べる戦略です。

　他社が興味を持たないほど、小さくて有望なニッチをうまく選ぶことができれば、自社より大きな企業と競争せずにニッチのリーダーになれます。

COLUMN

「市場シェア」だけが
シェアではない

単に「シェア」といえば市場シェア、すなわち市場占有率というくらい市場シェアが一般的ですが、実は市場シェアだけがシェアではありません。シェアのいろいろを見てみましょう。

まずは一般的な「市場シェア」。英語ではそのまんま「マーケット・シェア」です。ある期間のある市場で、その会社や商品が占める割合をいいます。売上高で計算する方法が代表的ですが、商品やサービスによっては販売数量や、ユーザー数などを使うことも。

「売上ナンバーワンのビールは？」と聞かれて、「○○ビール！」と答えるのが、この市場シェアです。

次に「マインド・シェア」。意識のシェアという意味で、消費者が、あるジャンルの商品やサービスを考えるとき、まっ先に思い浮かぶ割合です。認知度の高さといえるでしょう。

「ビールといえば？」と聞かれて、「□□ビール！」と答えるのがマインド・シェアというわけです。

さらに「ハート・シェア」というのもあります。心のシェアという意味ですが、消費者が、あるジャンルの商品やサービスを購入するとき、いちばん買いたいと思う割合を示します。好感度の高さのようなものです。

「買いたいビールは？」と聞かれて、「△△ビール！」と答えるのがハート・シェアになります。

5章

「製品戦略」と「価格戦略」を立案する

42

製品戦略は
５つのレベルで考えよう

📊 そもそもの「ベネフィット」から「基本」へ

　一般に、製造業でつくるものを「**製品**」、販売業で売るものを「**商品**」と呼びます。サービス業で提供するものは「**サービス**」です。この章では、便宜的に何でも「製品」と呼びますが、すべて含まれると思ってください。

　マーケティングの対象を思い出してみましょう（☞26ページ）。全部で10種類ありますね。

　そこでまず「製品」とは何かという話ですが、「マーケティングの神様」コトラーは、マーケティングにおいては**５つの「製品レベル**」を考えるべきだといっています。それが右の図の５つのレベルで、レベルが上がるほど顧客の価値も上がるというわけです。

　最初のレベルは「**ベネフィット**」（☞60ページ）。顧客が求めている、そもそものニーズで、食べ物屋さんでいえば、空腹を満たせるというレベルでしょうか。

　第２のレベル「**基本製品**」は、顧客が最低限これだけはと思う程度の基本レベル。食べ物屋さんなら、清潔な食器とテーブル、安心安全な食材と調理法くらいは基本ですよね。

📊 「期待」を満たして「膨張」する

　第３のレベル「**期待製品**」になると、食べ物屋さんは、顧客がふつうに期待する程度までは期待に応えなければなりません。ものすごく美味しいとまでいかなくてもフツーにおいしい料理、不快にな

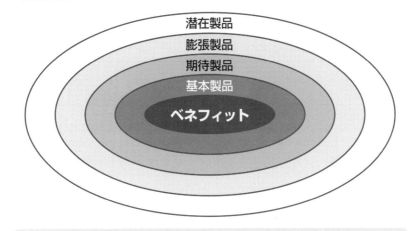

「製品」の5つのレベルとは？

潜在製品
膨張製品
期待製品
基本製品
ベネフィット

そもそものベネフィットから、基本製品、期待製品、
膨張製品と、レベルが上がるほど価値も上がる

らない程度のフツーの接客、料理と接客に見合ったフツーの値段は
必須でしょう。

　第4の「**膨張製品**」レベルでは、ついに顧客の期待を超えます。
サービスで出てくるコーヒーとデザート、次回利用できる割引券、
10枚たまると1回タダなんてのもいいですね。

　最後の「**潜在製品**」レベルは、将来の可能性です。誕生日に行っ
たらバースデーケーキのプレゼント、なんてなったら感動モノかも。

　製品戦略にあたっては、このような製品レベルを考えなくてはな
りません。単に品質がよいというのでなく、基本製品レベルの品質
なのか、期待製品レベルなのかと考えることも必要です。

　日本のような消費社会では、競争は膨張製品レベルの争いになっ
ています。期待製品レベルを満たしたら、膨張製品レベルの何かを
加えられないかと、考えてみることも大切でしょう。

43

「製品」とひと口に言っても いろいろある

「耐久財」「非耐久財」「サービス」とは

　マーケティングではときに、製品を分類して見ることが必要になります。分類の基準は、まず耐久性と形があるかないか（有形性）、それから用途（消費者向けか産業向けか）です。

　マーケティング・ミックス（☞18ページ）の戦略を立てる際など、必要になる分類なので覚えておきましょう。

　最初に、耐久性で分類すると「耐久財」と「非耐久財」の分類になります。これらは形ある製品なので、ここに有形性の分類を加えると、右の図上のように無形の「サービス」が加わり、合計3つの分類となります。

　このうち「耐久財」とは、文字どおり耐久性のある製品。クルマから家電製品、家具から腕時計まで、長期の使用に耐える製品のことです。わりと高額なものが多いので、人的販売（☞152ページ）が必要とされることも多く、保証なども付けられます

　一方、「非耐久財」は耐久財以外のもの。食品とか日用品とか、たいていは1回か短期間の使用で消費されてなくなります。消費者はそのつど購入しなければならないので、売り手としては、どこでも買ってもらえるようにしておかなくてはなりません。

　「サービス」は、宿泊やカウンセリングなど無形の製品。形が見えないだけに、品質の管理など、売り手に対する信用が重要な決め手です。

覚えておきたい「製品」の分類

耐久性 有形性 で分けると

| 耐久財 | 非耐久財 | サービス |

用途 で分けると

| 消費財 | 生産財 |

> マーケティング・ミックス戦略でも
> 必要になる分類なので、覚えておこう

「消費財」と「生産財」の違いは？

　次に、用途で分類すると消費するための「**消費財**」、産業向けの「**生産財**」の2分類になります。

　「消費財」は、食品とかクルマなど消費者向けの製品。一方、「生産財」は原材料から工作機械まで、生産するための製品です。

　消費財の顧客は一般消費者なので、製品に深い知識を持っている人は多くありません。マーケティング上は、ブランドなどによるイメージのほうが重要になります。

　しかし生産財は、顧客のほとんどがプロです。専門的な知識を持った人が多いので、品質やアフターサービスなどが重視され、売り手の側もそれに対応できる必要があります。

　製品のタイプによって、このようなマーケティング上の違いが生まれるのです。

44

「最寄品」「買回品」「専門品」の違いとは？

📗 消費財の分類を覚えておこう

　消費財は、消費者の購買行動によってさらに分類できます。アメリカのマーケティング学者メルヴィン・コープランドによる、有名な3分類というのがあるので、ご紹介しましょう。

　マーケティングのみならず、日常のビジネスの現場でもよく使われる分類です。これもぜひ、覚えておいてください。

　コープランドによると、消費財は「最寄品」「買回品」「専門品」の3つに分類できます。

　「最寄品」は、消費者がひんぱんに、特別な努力をせずに買おうとする製品です。そのため、最寄りの店で買うことが多くなります。食品や日用雑貨などが代表的でしょう。

　「買回品」では、消費者が品質、価格、スタイルなどを比較検討しようとします。その結果、あちこちの店を買い回ることになる製品です。そういう例としては、衣料品、家具、家電製品などが思い浮かびますね。

　最後の「専門品」というのは、特別な努力をしてでも買おうとする製品。専門店でないと、扱っていないような製品も数多く含まれます。たとえば、クルマ、それから直営店でしか買えないような、高級ブランドの製品も専門品の例です。

📗 生産財を生産プロセスで分類してみると

　ちなみに、生産財も生産プロセスとの関係で3つに分類すること

覚えておきたい「消費財」の分類

消費財
購買行動
で分ける

| 最寄品 | 買回品 | 専門品 |

生産財
生産プロセス
で分ける

| 材料・部品 | 資本財 | 備品・サービス |

> とくに消費財の分類は、マーケティングのみならず
> 日常のビジネスでも使われるので、覚えておこう

ができます。

その分類とは、「材料・部品」「資本財」「備品・サービス」の3つです。

資本財とは、工場などの設備と機械装置のこと。備品は、資本財ほど長期間の使用に耐えないもの、サービスはメンテナンスや修理などを指します。

これらがどう生産プロセスに関係しているかというと、材料・部品はすべて、製品の生産に使用されますね。

しかし、資本財は寿命が長いので、個々の製品の生産には部分的にしか使用されていないといえるでしょう。そして備品・サービスにいたっては、直接、製品に使用されている部分がまったくない、と考えられます。

このように生産財は、生産プロセスで使用されている、されていないの関係で3つに分類されます。

45

「売れる」新製品開発の手順

製品開発のはるか以前にマーケティングがスタートする

　どんな製品も、最初は「新製品」としてスタートします。会社が新製品を市場に送り出す方法は、たったの2つしかありません。よそでつくったものを買ってくるか、自社で開発するかです。

　右の図は、マーケティングから見た**新製品開発**のプロセスです。細かい説明は省きますが、マーケティングがかなり早い段階からスタートしていることがわかりますね。

　マーケティングの目的は、その製品が「売れる」ようにすること。そのためには、具体的な製品開発よりはるか以前にスタートしていなければならないのです。

ときには捨てる決断も必要

　新製品開発というと、まず製品を開発して、それから他のプロセスが動き出すイメージが強いと思いますが、マーケティングから見るとそれは間違い。具体的な製品開発は、むしろ終盤に近いプロセスなのです。

　そして右の図のどの段階でも、ダメとなったら前の段階に戻るか、その新製品開発そのものを破棄することになります。たとえば、マーケティング戦略の段階で、ニーズがないと判断したら、コンセプトを練り直すか、アイデアから捨てるという決断も必要です。

　「売れる」新製品は、そのようにして捨てられた山のような企画の中から生まれるものです。

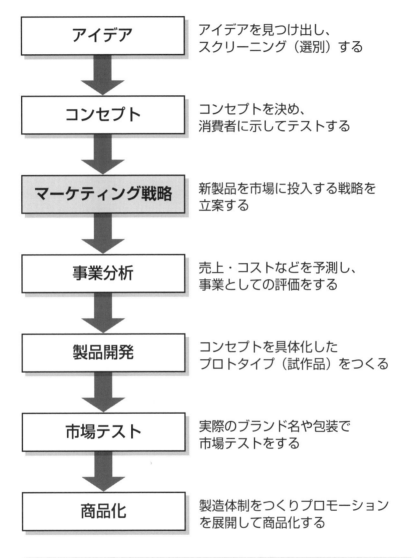

マーケティングから見た新製品開発のプロセス

| アイデア | アイデアを見つけ出し、スクリーニング（選別）する |

アイデア — アイデアを見つけ出し、スクリーニング（選別）する

コンセプト — コンセプトを決め、消費者に示してテストする

マーケティング戦略 — 新製品を市場に投入する戦略を立案する

事業分析 — 売上・コストなどを予測し、事業としての評価をする

製品開発 — コンセプトを具体化したプロトタイプ（試作品）をつくる

市場テスト — 実際のブランド名や包装で市場テストをする

商品化 — 製造体制をつくりプロモーションを展開して商品化する

具体的な製品開発はむしろ終盤に近く、
はるか以前からマーケティングがスタートする

46 新製品は「ベルカーブ」で 普及する

📑 「イノベーションのベルカーブ」とは

新製品が市場に登場しても、すぐに受け入れる消費者もいれば、なかなか受け入れてくれない消費者もいるものです。要するに、新しもの好きもいれば、頑固者もいるってことですね。

そうすると、受け入れる時期が人によって異なるため、新製品の採用者は最初ゆっくり増え始め、次第に増加していきます。

このようすをあらわしたのが、「**イノベーション（技術革新）のベルカーブ**」と呼ばれるモデルです。アメリカの経済学者エベレット・ロジャースが提唱したもので、右のように時間と新規採用者の数、消費者のタイプであらわします。

普及のピークを過ぎた新製品は、次第に新規採用者の数が減り、やがてゼロに近づいていきますが、ロジャースはこの間に5種類の消費者がいると説明しました。

最初にとびつく新しもの好きは「**イノベーター（革新者）**」。その評価を見てから受け入れるのが「**アーリーアダプター（初期採用者）**」です。

アーリーアダプターはオピニオン・リーダー（☞72ページ）であることが多いので、やがて一般の消費者も追随してきます。比較的早く受け入れるのは「**アーリーマジョリティ（前期追随者）**」で、その後に入ってくるのが「**レイトマジョリティ（後期追随者）**」です。そして、最後まで抵抗していた頑固者の「**ラガード（遅滞者）**」が受け入れると、新製品の普及も終盤を迎えるのです。

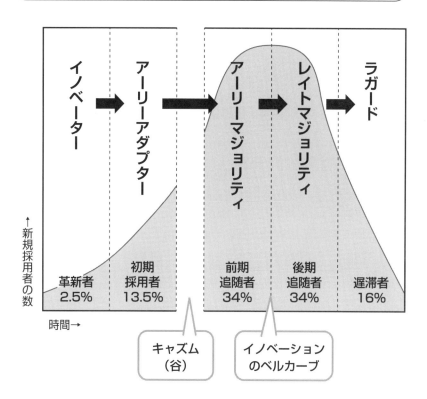

新製品は５種類の人に受け入れられていく

イノベーター	アーリーアダプター	アーリーマジョリティ	レイトマジョリティ	ラガード
革新者 2.5%	初期採用者 13.5%	前期追随者 34%	後期追随者 34%	遅滞者 16%

↑新規採用者の数

時間→

キャズム（谷）

イノベーションのベルカーブ

「谷」に落ちた新製品は生き残れない

　ところで、アーリーアダプターとアーリーマジョリティの間に溝があることに気づいたでしょうか？　この溝を「キャズム（谷）」と名付けたのは、アメリカのマーケティング・コンサルタント、ジェフリー・ムーアです。多くの新製品は、このキャズムに落ちて這い上がれず、市場から消えていく運命をたどります。

　新製品は、アーリーアダプターまでは普及しても、アーリーマジョリティに普及しない限り生き残れないということです。

47

製品にも「ライフサイクル」がある

「導入期」「成長期」「成熟期」「衰退期」とは

前項の「イノベーションのベルカーブ」の見方で注意してほしいのは、縦軸が新規採用者の数であって、売上や利益ではないということです。では、売上や利益はどう変化するかというと、それをあらわすのが「**製品ライフサイクル**」という考え方です。製品にも人と同じく、ライフサイクルがあるのです。

製品のライフサイクルは一般に、右の図の4段階に分けられます。

まず「**導入期**」には、売上が少しずつ増えていきます。しかし利益は、ほとんどありません。市場に導入されたばかりで、消費者の認知度を高めるための広告宣伝費など、コストがかさむからです。

「**成長期**」に入ると、売上が急速に成長し、ようやく利益も出始めます。競合他社の参入も始まりますが、先行した分、有利なので、順調に伸びることでしょう。

製品が市場にいき渡ると、売上は伸び続けるものの成長率が鈍り始めます。「**成熟期**」の始まりです。競合他社とは価格競争が激化し、まず利益が減って、それを追うように売上も落ちてきます。

やがて市場には代替品（☞96ページ）も登場し、製品もいまや「**衰退期**」です。売上も利益も次第に減り、こうして製品はライフサイクルの最期を迎えるのです。

各段階に応じた製品戦略が重要

このような、ライフサイクルの各段階に応じた戦略が必要になり

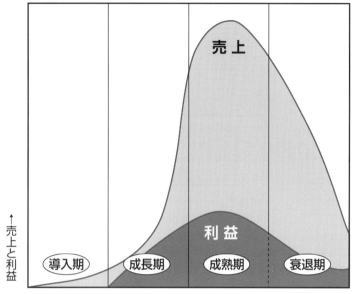

「製品ライフサイクル」は4段階で考える

売上

利益

↑売上と利益

| 導入期 | 成長期 | 成熟期 | 衰退期 |

時間→

導入期、成長期、成熟期、衰退期に応じた戦略が
必要。とくに各段階の製品戦略は重要

ます。導入期の赤字を支える財務、成長期の需要急拡大に対応する
製造などの戦略も必要ですが、とくに重要なのが**製品戦略**です。

　製品戦略には、新製品の開発だけでなく、製品の改良、新しい用
途の開発、そして市場からの撤退までが含まれます。

　導入期はともかく、成長期には製品の改良で競合他社と戦える部
分もあるでしょうし、成熟期に新用途の開発ができれば、寿命を伸
ばせるかもしれません。そして衰退期には、最小の損害で市場から
撤退する……。もちろん、どこかの段階で次の新製品の開発、既存
の製品との交代の戦略を立てておく必要もあります。

48

「売れる」「儲かる」
価格設定のしかた

価格戦略が重要なワケ

「製品戦略」に続き「**価格戦略**」の話に入りましょう。

価格戦略は大事です。なぜなら、マーケティングの４Ｐのうちでも、「価格」だけが収益を生む戦略だからです。他の製品・流通・プロモーション（コミュニケーション）戦略は、コストをかけて「売れる」ことを追求しますが、価格戦略だけは同時に「儲かる」ことも考えるのです。

再び、最も短いマーケティングの定義に立ち戻ってみましょう（☞14ページ）。「ニーズに応えて利益を上げること」——利益が出なければ、マーケティング以前に、そもそも会社は成り立ちませんよね。

といっても、製品のコストに利益を足して価格、と決めていいほど簡単ではありません。

たとえばコトラーは、消費者が「左から右に」価格を見る傾向があるといっています。だから298円の価格は、本当は「約300円」なのに、「200円台」と見えるのだそうです。たしかに納得はできますが、では、製品の価格はどう決めたらいいのでしょう？

「売れる」と「儲かる」を両立させる手順とは

右にあげたのが、一般的な価格設定の手順です。「売れる」と「儲かる」を両立させるためには、いろいろな条件を満たす必要がありますから、それらをチェックしていく手順が大切になります。

まずすることは、何のために価格を設定するのか、目的を明確にすることです。市場のシェアを押さえるための価格設定もあれば、

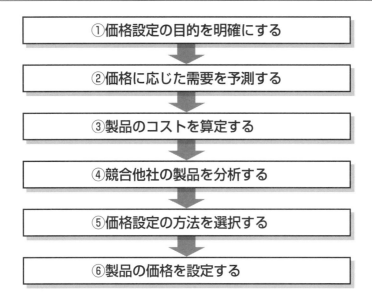

製品の「価格設定」は6段階で行なう

①価格設定の目的を明確にする

②価格に応じた需要を予測する

③製品のコストを算定する

④競合他社の製品を分析する

⑤価格設定の方法を選択する

⑥製品の価格を設定する

利益を確保するための価格設定もあります。何を目的として価格を決めるのか、明確にしておかなければなりません。

　次に、その価格ではどれくらいの需要があるかを予測します。一般に、価格が上がるほど需要は減るもの。それによって、設定できる価格の上限もわかるでしょう。

　さらに、製品の生産・流通・販売のコストを算定すると、これが価格の下限になります。コストの合計を下回る価格を設定したのでは最初から赤字で、新製品を出す意味がありませんからね。

　さらに、競合他社のコスト・価格・自社製品との違いなどを分析し、価格設定の方法（☞120ページ）を選び、最後に具体的な価格を決めます。

　以下、価格設定にあたって知っておきたいこと、具体的な設定の方法などについて見ていきましょう。

49

「市場浸透」か
「上澄み吸収」か

低価格なら市場に浸透してシェアを押さえられる

　価格設定の目的として主なものに、①会社の生き残り、②最大の経常利益を獲得する、③最大の市場シェアを獲得する、④最大の上澄みを吸収する、⑤製品品質で業界のリーダーシップをとる、があります。

　このうち、③最大の市場シェアを目的とする場合に行なうのが「**市場浸透価格設定**」です。要するに、新製品を市場に素早く浸透させるために、できる限り最低の価格を設定するというものです。

　市場浸透価格設定では、低価格によって、競合他社が参入する前に自社の市場シェアを確立することをめざします。低価格で、しかも市場を席巻していれば、とても太刀打ちできないと思わせることが狙いです。

　一方、低価格であればあるほど、その市場は急激に、大きく成長することが期待できます。また、大量生産ができれば生産コストや流通コストが下がるので、当初は出なかった利益も次第に上がることでしょう。かくして、後発の競合他社が参入するころには、立派に事業として成立している、というのが市場浸透価格設定なのです。

比較的高価格なら早い時期に利益を回収できる

　反対に、最初から利益を上げていこうという価格設定もあります。それが目的④の「**上澄み吸収価格設定**」です。

　上澄み吸収価格設定では、導入期に比較的高価格を設定し、高所

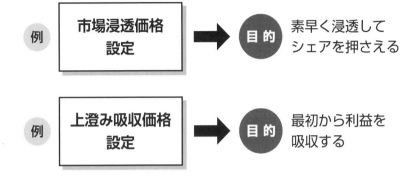

目的に応じた価格設定の方法

| 例 | 市場浸透価格設定 | → | 目的 | 素早く浸透してシェアを押さえる |

| 例 | 上澄み吸収価格設定 | → | 目的 | 最初から利益を吸収する |

価格設定の最初の段階で目的を明らかにし、
それに応じた価格設定を行なうことが大切

得者をターゲットにした販売を狙います。この時点で、価格の高い、しかし高品質の製品というイメージができあがることでしょう。

つまり、下のほうに沈殿したドロドロした部分でなく、いちばんよいところ、上澄みから利益を吸収しようというわけてす。でも、そこでとどまるものではありません。

上澄み吸収価格設定では、後発の競合他社が参入して売上が落ちてきたときには、徐々に価格を下げるのです。

開発コストは導入期の高価格設定である程度、回収できていますから、価格を下げてもそれほど大きなダメージにはなりません。高品質の製品が、価格を下げて市場に出てくるのですから、これまで手の届かなかった消費者もとびつき、売上の回復も期待できるというものです。

50

安ければいいのか？
要注意「価格弾力性」

需要が増えるかは「価格弾力性」次第

価格に応じて、需要を予測する際にも注意が必要です。

市場浸透価格設定では、価格を安くすれば素早く市場に浸透する、需要が増えるという前提で低価格を設定しています。上澄み吸収価格設定も、売上が落ちてきたときは価格を下げれば需要が回復するというのが前提です。

たしかに、一般的に安ければ安いほど売れる、需要が増えるという傾向はあります。しかしその程度は、製品によって変わってくるので注意が必要なのです。

価格の変化に対して、市場の需要がどれだけ敏感に反応するか、言い換えると、どれだけ弾力的に反応するかを「**価格弾力性**」といいます。

価格弾力性が高い製品は、価格が下がると敏感に反応して需要が増えます。反対に価格を上げると、たちまち売上が落ちることでしょう。

たとえば、アクセサリーや高級ブランドものは価格弾力性が高いといわれています。たしかに、ブランドもののセールに会場いっぱいのお客が詰めかける光景は、ニュースなどでもおなじみ。セールで価格が下がれば、それだけ需要が増えるということでしょう。

一方、価格弾力性が低いのは、米や野菜などをはじめとした生活必需品です。必需品ですから、多少価格が上がっても買わざるを得ない、でも価格が下がったからといって必要以上に買ってもしかた

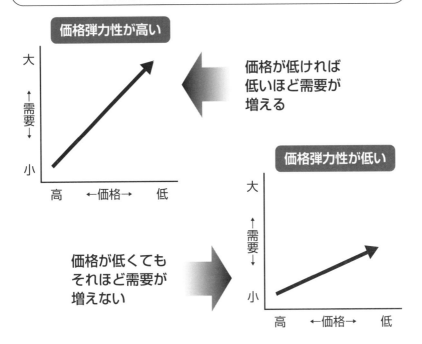

「価格弾力性」とはどういうことか

価格弾力性が高い

価格が低ければ
低いほど需要が
増える

価格弾力性が低い

価格が低くても
それほど需要が
増えない

価格弾力性＝需要の変化率／価格の変化率
需要の予測をするときも要注意

ない、だから価格弾力性が低いというわけです。

状況によっても弾力性が変わる

製品だけでなく、購入の状況でも価格弾力性が変わります。

たとえばティッシュペーパーでも、ふだんコンビニで買っているような人は、1箱10円程度の違いを気にしないもの。しかしスーパーやドラッグストアで買う人には、5箱で10円の違いが大問題です。

この場合、コンビニでは価格弾力性が低く、スーパーでは高いということがわかります。

51 製品の価格設定の方法 いろいろ

🖩 コストに上乗せするのが基本だが…

　価格弾力性なども考慮して価格に応じた需要を予測すると、それが価格設定の上限になります。一方、製品のコストを計算すると、それが価格の下限です。それに競合他社の分析なども加味して、価格設定の方法を決めるわけです。

　価格設定の方法は、いろいろあります。いちばん基本的なのは、製品のコストに一定の利益を含む額を上乗せする考え方でしょう。コストに加算する額を英語でmarkupというので、①「マークアップ価格設定」と呼ばれます。

　また、会社が目標とする収益率から決める②「ターゲット・リターン価格設定」、顧客が感じる価値から決める③「知覚価値価格設定」もあります。さらに、④「バリュー価格設定」と呼ばれる価格設定の方法は、コストや流通を見直して、品質を落とすことなくより低価格を設定するものです。

　バリュー価格設定の代表的なタイプに「エブリデイ・ロー・プライシング」があります。特売セールなどは行なわず、文字どおり毎日、低価格にするというものです。世界最大のスーパー・チェーン、アメリカのウォルマートが有名ですが、日本でも当時ウォルマート傘下にあった大手スーパー西友がキャンペーンを行なって有名になりました。

　これに対して、特売セールでさらに低価格を付けるようなバリュー価格設定は「ハイ・ロー・プライシング」といいます。

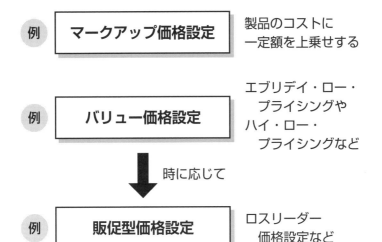

価格設定の方法はいろいろある

| 例 | **マークアップ価格設定** | 製品のコストに一定額を上乗せする |
| | **バリュー価格設定** | エブリデイ・ロー・プライシングやハイ・ロー・プライシングなど |

時に応じて

| 例 | **販促型価格設定** | ロスリーダー価格設定など |

 時に応じて別の価格設定をすることも

　こうして価格設定をしても、地域や時季などに応じて別の価格設定をすることが可能です。たとえばセールなどでは一時的に、「**販促型価格設定**」と呼ばれる方法をとることがあります。

　販促型価格設定の代表は、いわゆる「**目玉商品**」です。目玉商品で増えた客足が他の商品の購入にも向かい、店全体として売上を増やすことを狙った価格設定なのです。

　仕入れ値を割った（ロス）商品がリーダーとなり、全体の利益を上げるので、販促型価格設定のうちでも「**ロスリーダー価格設定**」と呼ばれる価格設定です。

　また、顧客が価格を重視し、価格が売行きを左右しているような商品では、競合他社が現在つけている価格に合わせて価格設定する方法がとられます。⑤「**現行レート価格設定**」といいます。

サブスクリプションと
ダイナミック・プライシング

　近年、盛んに増えている価格設定が「サブスクリプション」。一定の料金を支払うと、商品やサービスを一定期間、利用できるというものです。音楽配信や動画配信などのサービスで広まり、1曲、1動画いくらでなく、月額○○円で聴き放題、見放題になるところが特徴です。

　その便利さがうけて、現在では服やバッグのレンタル、食材や弁当の宅配、カーシェアリング、英会話教室などの業態にもサブスクリプションが増えています。「サブスク」という略した呼び方も、若い世代を中心にすっかり一般的なものになりました。

　一方、JR東日本や西日本が検討を始めて話題になったのが、「ダイナミック・プライシング」。日本語では「変動料金制」といわれ、季節や時間帯などで料金が変わるという価格設定です。

　ホテルや航空会社の料金では珍しいことではなく、これまでも宿泊代や航空券は、オンシーズンは高く、オフシーズンは安い価格設定になっていました。

　JRの運賃の場合は、混雑する時間帯の価格を高く、空いている時間帯の価格を低く設定するしくみですが、通勤時間帯をどうしても変えられない人が、高い運賃を支払うことになるなどの課題も指摘されています。

6章

欲しいときに欲しいものを届ける「流通戦略」

52

流通は「物流」だけでは
ありません

3番目の「P」＝Placeは流通のこと

マーケティングの「4つのP」（☞18ページ）の3番目はPlace
です。プレイスには、店舗立地など「場所」の意味もありますが、
現代のマーケティングではほとんど「流通」の意味になっています。

「流通」といわれると、トラックとか配送センターとか、「物流」
のイメージですね。でも、物流だけが流通ではありません。

「物流」「商流」「情報流」とは

日本では一般に、流通の内容として3つの「○流」をあげます。

第1は、いうまでもなく「**物流**」。製造から消費者に至るまで、
モノとしての製品の流れです。

第2は「**商流**」。これはモノの所有権と、代金などお金の流れを
指します。通常、所有権はモノの流れにそって流れますが、代金の
流れは逆方向です。

それでも昔は、物流と商流が同じ経路をたどっていたものですが、
現代では必ずしも一致していません。たとえば、注文は販売代理店
が受けたのに、配送は直接、工場から消費者へ、といったケースも
見られるでしょう。

そして第3の流通は、「**情報流**」です。つまり、物流や商流、あ
るいは製品そのものに関する情報も、流通経路を通じて流れている
のです。たとえば、注文や配送の情報、取引の情報、決済の情報な
どが情報流として流れています。

流通戦略では、この3つの機能を考える必要があります。

「流通」には３つの機能がある

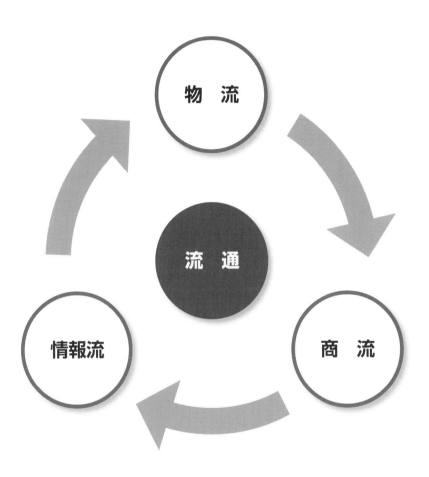

流通戦略では、物流のほか、所有権や代金の商流、
情報を流す情報流を考えることが必要

53

「流通チャネル」を どうつくればいいか

流通チャネルにはさまざまな要素がある

　物流にしろ、商流、情報流にしろ、メーカーから直接、消費者に流れるケースはむしろまれです。間に卸売・小売といった業者が入ることが多いでしょう。

　そうすると、メーカー→卸売→小売→消費者という流通の経路ができあがります。この経路が、「**マーケティング・チャネル**」とか「**流通チャネル**」と呼ばれるものです。流通戦略とは、この流通チャネルをどうつくりあげるかということにほかなりません。

　流通チャネルには、さまざまな要素があります。たとえば、メーカーと消費者の間に何段階の業者を入れるか。その段階数によってチャネル、すなわち流通経路の長さが変わってきます。

　ネットや各種の通販は、間に業者が入らない「０段階チャネル」です。小売店を入れると「１段階チャネル」、さらに卸売業者を入れると「２段階チャネル」、大卸まで入れると「３段階チャネル」となります（☞129ページ）。

　自社のターゲットとする顧客が、どんな流通を求めているかを考えて、これらを決めていかなければなりません。

　間に入れる業者にしても、通常の小売店や卸売業者でよいのか、あるいは販売代理店にするかなど、いくつかのタイプがあります。

「排他的流通」「選択的流通」「開放的流通」の戦略

　全体的な業者の数は、流通に関する戦略によって違ってきます。

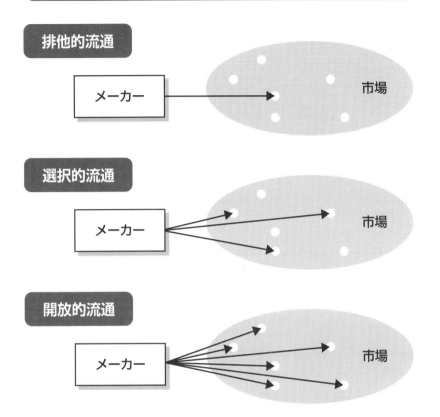

　「**排他的流通**」は、業者の数を極端に制限する戦略です。１地域に１社といった限定をして、ブランド・イメージを厳しくコントロールしたい場合などに選択します。

　一方、数社に絞りこんで選ぶのが「**選択的流通**」。ある程度コントロールもしやすく、コストも過大にならずにすみます。

　「**開放的流通**」では、業者を選びません。できるだけ多くの店に置いてもらって、どこでも買ってもらえるようにします。

　これらの戦略のどれを選ぶかで、必要な業者の数も変わり、流通チャネルの形態も変わってくるのです。

54 「プッシュ戦略」「プル戦略」の使い分け

📱「プッシュ戦略」「プル戦略」とは

　流通チャネルは、マーケティング全体に大きな影響を与えます。早い話、チャネルに量販店を使うか専門ディーラーを使うかで、価格戦略だって変わってくるでしょう。

　なかでも深く関係し、大きな影響があるのが**プロモーション（コミュニケーション）戦略**です。

　プロモーションの基本的な戦略の分類に、「プッシュ戦略」と「プル戦略」というのがあります。

　「**プッシュ戦略**」とは、メーカーが人的販売（☞152ページ）や販売促進を通して業者に働きかけ、業者が消費者に対してプロモーションを行ない、製品を購入するよう促すものです。メーカーの側から、消費者に向かって「プッシュ」＝押す戦略というわけですね。

　一方「**プル戦略**」では、メーカーは直接、消費者に向けた広告やプロモーションを行ないます。働きかけを受けた消費者は、業者に注文や要望を出し、業者がそれをメーカーに注文するのです。

　消費者の側から、メーカーに「プル」＝引くように仕向けることになります。

📱 流通チャネルがコミュニケーション戦略に影響

　そこで、どちらを採用するかですが、実際にはプッシュ戦略とプル戦略のどちらか一方ですむということはなく、両方をバランスよく使って効果を上げていくのがふつうです。

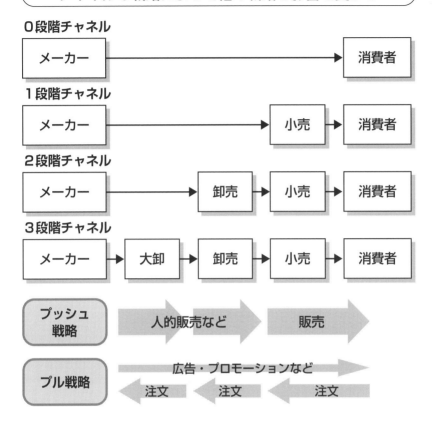

チャネルの戦略によって他の戦略も影響を受ける

0段階チャネル

メーカー　→　消費者

1段階チャネル

メーカー　→　小売　→　消費者

2段階チャネル

メーカー　→　卸売　→　小売　→　消費者

3段階チャネル

メーカー　→　大卸　→　卸売　→　小売　→　消費者

プッシュ戦略　人的販売など　販売

プル戦略　広告・プロモーションなど　注文　注文　注文

　このとき、流通チャネルの長さや、業者のタイプなどが影響する
のです。

　上は、前項で説明したチャネルの段階数の図解ですが、図下のよ
うに流通チャネルが長ければ、プッシュ戦略にはそれだけ多くの人
的販売などの経営資源をつぎ込まなければなりません。逆に、流通
チャネルがシンプルで、プル戦略に重きを置くのなら、消費者向け
の広告やプロモーションにコストがかかるということです。

　流通戦略を立てる際には、プッシュ戦略とプル戦略をどんなバラ
ンスで使うのか、同時に検討しておかなければなりません。

55

「マーケティング・システム」をつくろう

流通チャネルを「システム」として動かす

　流通チャネルにも、いろいろな考え方が登場しています。現在ではとくに、チャネルをメーカーや業者の寄せ集めでなく、システムとして動かそうという考え方が盛んです。

　こうしたものは「○○マーケティング・システム」という名で呼ばれています。代表的なものを知っておきましょう。

　昔ながらの流通チャネルは、メーカー、卸売業者、小売業者で形づくられています。それぞれは独立した会社ですから、基本的に自社のことしか考えません。自社の利益を追求するあまり、他社に損害が生じようがおかまいなし……。

　これでは経済効率が悪いということで、考えられたのが「**垂直的マーケティング・システム**」（バーチカル・マーケティング・システム＝ＶＭＳ）というものです。メーカーから卸売業者・小売業者と続く垂直的な流れを、システムとして動かそうというわけですね。

　チャネルのうちのいずれかの会社が「**チャネル・キャプテン**」になって全体をコントロールしたり、チャネルをフランチャイズ化したりしてシステム化します。

流通チャネルは１つとは限らない

　同じ流通チャネルでない、関連のない会社同士がシステムを構成することもあります。新しい市場を開拓する場合などに、異業種の会社が提携してチャネル・システムをつくるのです。

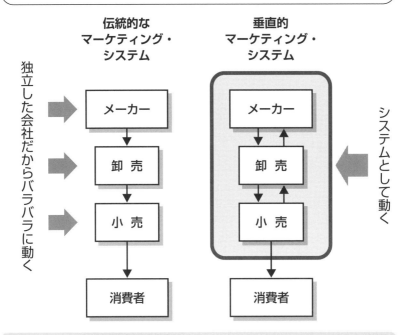

「垂直的マーケティング・システム」とは？

伝統的な
マーケティング・
システム

垂直的
マーケティング・
システム

独立した会社だからバラバラに動く

| メーカー |
| 卸　売 |
| 小　売 |
| 消費者 |

| メーカー |
| 卸　売 |
| 小　売 |
| 消費者 |

システムとして動く

> **「水平的マーケティング・システム」、**
> **「マルチチャネル・マーケティング・システム」も**

　これは「**水平的マーケティング・システム**」といいますが、ユニクロとビックカメラが提携した「ビックロ」などの例を思い出すとわかりやすいでしょう。

　さらに現在では、1社に1つの流通チャネル、という固定観念もなくなっています。ターゲットが複数あるなら、複数のチャネルを使えばいいという考え方で、「**マルチチャネル・マーケティング・システム**」と呼びます。

　流通戦略を考える際には、こうした「○○マーケティング・システム」も検討の対象としてください。

56

「マーチャンダイジング」って何だろう

マーチャンダイジングは商品戦略

　「マーチャンダイジング」という、ちょっとマーケティングに似た語感の用語を聞いたことがないでしょうか。あるとしたら、あなたは販売業の方ではないですか？

　マーチャンダイジング（MD）は、商品戦略といってもいいものです。もともと業種を限定する用語ではありませんが、現在では流通や小売業を対象に使われることが多くなっています。

　日本語の「品揃え」「仕入れ」「商品開発」などの意味を含むといえば、イメージがつかみやすいでしょうか。

　アメリカ・マーケティング協会のかつての有名な定義では、マーチャンダイジングを「適正な商品またはサービスを、適正な場所で、適正な時期に、適正な数量を、適正な価格で、マーケティングすることに関する諸計画」（一部抜粋）としていました。

　これが一般に「5つの適正」と呼ばれるものです。

　少しアレンジして、「適正な商品またはサービスを、適正な場所で、適正な時期に、適正な数量を、適正な価格で」品揃え、とすると、とくに小売業の方にとっては納得できる定義になるのではないでしょうか。

商品管理やプロモーションも必要

　といっても、マーチャンダイジングはある意味で商品戦略ですから、品揃えだけしていればよいことにはなりません。

「5つの適正」とは？

適正な商品またはサービスを、

適正な場所で、

適正な時期に、

適正な数量を、

適正な価格で、

マーケティングすることに関する

諸計画である。

（アメリカ・マーケティング協会による旧定義）

商品戦略の基本は、顧客から見て 5つの適正がちゃんと守られていること

たとえば、POSシステムのデータなどを活用して顧客の動向を分析する、そこから売れ筋や死に筋の商品を把握する、さらに仕入計画に反映させるといった商品管理も必要になります。

また、商品戦略はプロモーション（コミュニケーション）戦略と深く関わっています。せっかく「5つの適正」を満たす品揃えをしたとしても、顧客にそれを伝えるすべがないのでは効果は限られてしまうでしょう。

プロモーション戦略の販売促進や、広告宣伝の計画と、十分に統一性がとれたものでなければなりません。

57 材料から始まる マーケティング？

📟 原材料から消費者までをつなぐチェーン

　従来の流通チャネルは、簡単にいえば工場から始まり、欲しい人に向かって、欲しいときに欲しいものを届けるというものでした。そのために、流通に関する戦略を立て、小売や卸売の業者を選んで、流通チャネルをつくりあげるわけです。

　しかし現在では、流通戦略はより広い考え方をするようになっています。「**サプライ・チェーン**」というのがそれです。

　流通チャネルが、メーカーから消費者までつなぐことを考えたのに対し、サプライ・チェーンは、原材料から始まり、部品、製品ときて流通チャネルにつながり、消費者まで届く長いチェーン（連鎖）を考えます。

　流通チャネルよりずっと早い段階から始まる、もっと長いチャネルなのです。材料の段階から、マーケティングが始まっているといってもよいでしょう。

📟 消費者が出発点になりゴールにもなる

　ですから、流通をサプライ・チェーンと捉える経営管理手法——「**サプライ・チェーン・マネジメント**」（**ＳＣＭ**）では、メーカーは供給業者のみならず、供給業者の供給業者のことまで視野に入れることになります。

　そして、受発注や在庫、物流などの情報を全体で共有し、原材料や部品、製品の流通全体を最適化することをめざすのです。

「サプライ・チェーン・マネジメント」とは？

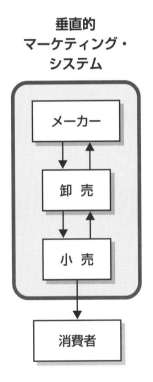

**垂直的
マーケティング・
システム**

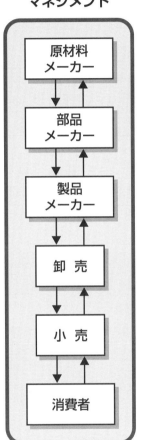

**サプライ・チェーン・
マネジメント**

サプライ・チェーン・マネジメントでは
原材料から消費者までを1つのチェーンと見る

COLUMN ニュースにもなった 「サプライ・チェーン」

　「サプライ・チェーン」という用語は、コロナ禍初期のマスク不足や、世界的な半導体不足のニュースでよく登場しました。単純に、製品流通網の意味で使われていたケースも多かったようですが、正しくは前項で見たように、原材料の調達から、消費者に商品やサービスが届くまでの長いチェーン（連鎖）をあらわす用語です。

　とくに、「サプライ・チェーン・マネジメント」（SCM）では、消費者をチェーンのゴールであると同時に、出発点でもあると考えます。垂直的マーケティング・システム（VMS）では、消費者を単にゴールと考えるのとは大きな違いです。

　もう一度、前ページの図を見ていただくと、VMSでは枠の外の消費者に商品やサービスを届けるだけなのに対し、SCMでは消費者がチェーンの枠の中に入り、双方向の矢印（チャネル）になっていることがわかりますね。

　SCMでは、消費者がチェーンの出発点なのです。

　たとえば、消費者がパソコンのCPUやメモリなどの仕様を自由に指定し、メーカーが指定どおり組み立てて届けるBTO（Built To Order）という販売方法があります。BTOは、SCMの代表的な例です。BTOでは、消費者がウェブ上でパソコンの仕様を指定するところが、サプライ・チェーンの出発点なのです。

　デル（Dell）のBTOは、SCM＝サプライ・チェーン・マネジメントの成功例といわれています。

7章

効果的に伝える
「コミュニケーション戦略」

どのコミュニケーション方法を選べばいいの?

コミュニケーションはむずかしくなる一方

　ニーズに応えた製品、価格、流通ができても、それを消費者が知らなければ意味がありません。売り手の側の会社からコミュニケーションをとって、知らせる必要があります。

　その意味で、マーケティング・ミックス（☞18ページ）の第4戦略「プロモーション」はコミュニケーションなのです。

　この章では「4つのC」にならってコミュニケーションという用語で統一していますが、「4つのP」のほうがどうしても気になるという方は、プロモーションと読み替えていただいてかまいません。

　とはいえ、消費者が多様化した現在、どの会社も、消費者に向けたコミュニケーションに努力しています。商品やサービスの情報はますます市場にあふれ、これからどんなコミュニケーションをとっていけばよいのか、むずかしさは増す一方です。

　まず、どんなコミュニケーションの方法が可能なのかを見ていきましょう。

人的・非人的の「コミュニケーション・チャネル」がある

　マーケティングでは、市場に何かを届ける経路として3つの「チャネル」を考えます。1つは「流通チャネル」（☞126ページ）、もう1つは「販売チャネル」。これは、販売を行なう小売業者や、電子商取引などのことです。

　そして3つ目が「コミュニケーション・チャネル」。市場の消費

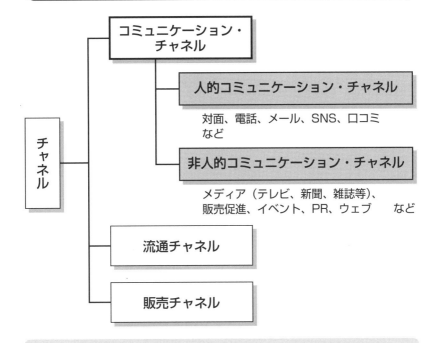

「コミュニケーション・チャネル」とは？

```
チャネル ─┬─ コミュニケーション・チャネル
          │      ├─ 人的コミュニケーション・チャネル
          │      │    対面、電話、メール、SNS、口コミ
          │      │    など
          │      └─ 非人的コミュニケーション・チャネル
          │           メディア（テレビ、新聞、雑誌等）、
          │           販売促進、イベント、PR、ウェブ　　など
          ├─ 流通チャネル
          └─ 販売チャネル
```

「コミュニケーション・チャネル」には
人的（パーソナル）と非人的（ノンパーソナル）がある

者と、コミュニケーションをとるためのチャネルですね。

　コミュニケーション・チャネルはまた、「人的（パーソナル）」と「非人的（ノンパーソナル）」に分けることができ、それぞれ上の図にあるようなコミュニケーションの方法があります。

　コミュニケーション戦略で使えるのは、これらの人的・非人的コミュニケーション方法のすべてです。

　では、どのコミュニケーション方法を選べば、市場の消費者と効果的なコミュニケーションがとれるでしょうか？（次項に続く）

59 コミュニケーションは 「ミックス」で考える

📝 コミュニケーション方法は広告だけじゃない

　マーケティングのコミュニケーション（やプロモーション）といった場合、すぐに思い浮かぶのは広告ですね。

　たしかに広告は、コミュニケーションとして重要です。しかし、前ページで見たようにコミュニケーションの方法はほかにもあるし、商品やサービスによっては別の方法が適している場合もあります。

　マーケティングのコミュニケーションの方法として、主に利用されているのは右のようなものです。

📝 4つの方法プラスアルファをミックスする

　まず「**広告**」ですが、おなじみのテレビ・新聞・ラジオのほかにも、雑誌やインターネットなど「**広告媒体**」がいろいろあります。

　「**販売促進**」は、店頭にＰＯＰ広告を出したり、展示会やイベントを開催したりと、さまざまな活動の総称です。

　「**ＰＲ**」は広報活動のこと。メディアに対してプレス・リリースを出したり、広報誌を発行したりします。

　「**人的販売**」は、対面して行なう活動全般。情報を伝えるとともに、要望や感想が聞ける双方向コミュニケーションが特長です。

　以上の4つが基本ですが、日本ではこれに「**口コミ**」を加えることも多く、「**ダイレクト・マーケティング**」（☞150ページ）も、コミュニケーション方法としてあげられることが多いものです。

　これらの方法を組み合わせて、コミュニケーションを行なうことを「コミュニケーション・ミックス」といいます。

「コミュニケーション・ミックス」とは？

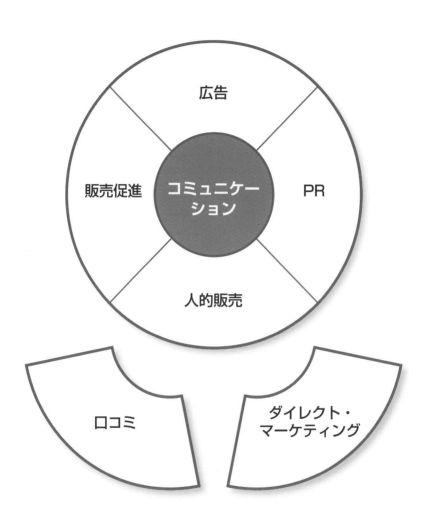

広告

販売促進

コミュニケーション

PR

人的販売

口コミ

ダイレクト・
マーケティング

いろいろな方法を組み合わせるのが
「コミュニケーション・ミックス」

60

「広告媒体」は
どうミックスすればよいか

📱 広告媒体を組み合わせる「メディア・ミックス」

　それでは、効果的なコミュニケーション・ミックスのために、それぞれのコミュニケーション方法の特徴と、内容を具体的に見ていきましょう。まず「**広告**」からです。

　広告は、スポンサー名を付けて、有料で発信することが第1の特徴になります。わざわざ「有料」といったのは、後で理由がわかることでしょう（☞148ページ）。

　広い地域の消費者に伝えることができる一方、テレビなど、一般にコストは高めです。ラジオなどは、比較的安くつきます。

　広告を載せる媒体を「**広告媒体**」「**メディア**」と呼びます。メディアにはそれぞれの特徴がありますから、広告を出すときには、各メディアの特徴を考えて組み合わせることが必要です。これを「**メディア・ミックス**」といいます。

　マーケティング・ミックスの中のコミュニケーション・ミックスの中のメディア・ミックス、というわけですね。

📱 媒体の特徴を活かした組み合わせが大切

　メディア・ミックスの対象になる広告媒体は、右のように意外に数多くあります。

　おなじみの「**マスコミ4媒体**」をはじめ、「**インターネット**」、販売促進の一環として行なう「**SP広告**」（☞144ページ）など。「**衛星メディア関連**」とあるのは、マスコミ4媒体に含まれない放送などです。

「メディア・ミックス」とは？

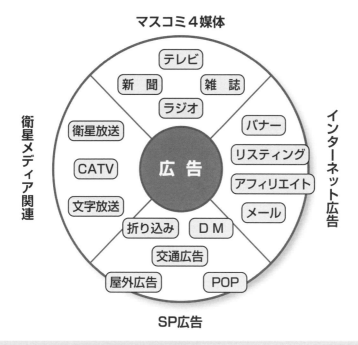

マスコミ4媒体

衛星メディア関連

インターネット広告

SP広告

- テレビ
- 新聞
- 雑誌
- ラジオ
- 衛星放送
- CATV
- 文字放送
- 広告
- バナー
- リスティング
- アフィリエイト
- メール
- 折り込み
- DM
- 交通広告
- 屋外広告
- POP

広告媒体にはそれぞれ特徴があるから
特徴を活かした「メディア・ミックス」が大切

　このような各媒体の特徴を活かし、メディア・ミックスを効果的に組み合わせるのです。たとえばテレビは、インパクトの大きさと視聴者の多さでは群を抜いています。しかし、コストが高く、伝達できる情報量も多くありません。そこで、コストの安いラジオ、情報量の多い新聞と組み合わせるメリットが生まれます。

　また、たとえば新聞は、雑誌に比べて、読者の数では大きくリードしているもの。しかし、雑誌には、ライフスタイル（☞74ページ）で読者のセグメントができるメリットもあるのです。

　このような特徴を活かしたメディア・ミックスが大切です。

61

「販売促進」は
とにかくいろいろ

「SP広告」と「セールス・プロモーション活動」がある

　販売促進は、英語で「セールス・プロモーション」。日本語では「販促」と略したりしますね。広告などとの大きな違いは、「インセンティブ（報奨）」の働きもあることです。たとえば、商品にオマケを付けて買ってもらうのも、立派なインセンティブなのです。

　販売促進には、ほかにもいろいろな活動がありますが、大きく分けると「セールス・プロモーション広告（SP広告）」と、「セールス・プロモーション活動」があります。ここでは、前項からの広告つながりで、SP広告のほうから説明しましょう。

SP広告はどんなものがあるか

　SP広告の例は一部、前ページにもあげましたが、詳しく見ると右のように多彩なものがあります。主なものを説明しましょう。

　まず「POP広告」があります。「ポイント・オブ・パーチェス＝購買時点」広告の略で、よく、小売店頭などに手描きで掲出されているのがこれです。

　「ダイレクト・メール（DM）」もSP広告の1つ。送らずに手渡しするものは「ダイレクト・ハンド（DH）」といいます。一方、新聞に折り込まれて届くのは「折り込み広告」です。1枚ものの広告は「折り込みチラシ」ともいいますね。

　ティッシュなど添えて配布されるのは「街頭配布」ですが、場所により「店頭配布」になることもあります。住宅の郵便受けに入れ

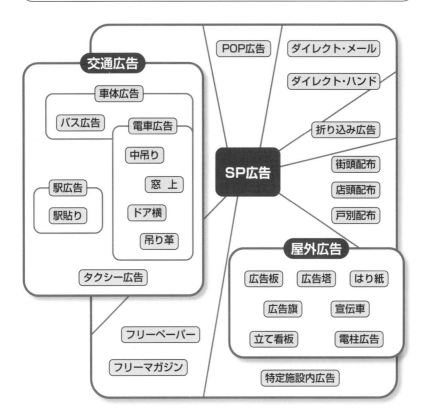

「SP広告」もいろいろ

交通広告
車体広告
バス広告　電車広告
中吊り
窓　上
ドア横
吊り革
駅広告
駅貼り
タクシー広告

POP広告　ダイレクト・メール
ダイレクト・ハンド

SP広告

折り込み広告
街頭配布
店頭配布
戸別配布

屋外広告
広告板　広告塔　はり紙
広告旗　宣伝車
立て看板　電柱広告
特定施設内広告

フリーペーパー
フリーマガジン

るのは「**戸別配布**」です。

「**屋外広告**」にも、上のようないろいろなものがあります。ただし、球場や競技場など、人が集まる場所に掲げるのは別に「**特定施設内広告**」と呼びます。

「**フリーペーパー**」「**フリーマガジン**」はおなじみですね。

そして、とにかく種類が多いのが「**交通広告**」。電車やバスの「**車体広告**」はもちろん、電車の車内では場所に応じて上のような「**電車広告**」があります。「**駅広告**」としては「**駅貼り**」があるし、「**タクシー広告**」もよく見かけるものです。

62

「ノベルティ」も「リベート」も販促のうち

▦ 「消費者向け」「流通向け」「社内向け」がある

　続いて**セールス・プロモーション**活動を見ていきましょう。

　セールス・プロモーション活動は、実は、大きく分けると３種類あるのです。「**消費者向けプロモーション**」のほかに、「**流通業者向けプロモーション**」、それに「**社内向けプロモーション**」があるためです。

　消費者向けとしては、お店に商品を飾ること（**店頭ディスプレー**）から始まって、商品やサービスの実演（**デモンストレーション**）などが基本となります。

　試供品・見本の提供（**サンプル**）や、割引券（**クーポン**）、引換券（**バウチャー**）の配布もおなじみですね。スタンプ（**スタンプ・サービス**）、現金の割戻し（**キャッシュ・バック**）なども説明はいらないでしょう。

　そのほか、展示会（**セールスショー**）やイベントの開催（**イベント・プロモーション**）、イベントへの資金提供（**イベント・スポンサーシップ**）など、大がかりなプロモーションもあります。

▦ 「インセンティブ」とはどういうもの？

　一方、オマケなどを付けて、買う気になってもらうのを「**インセンティブ**」といいます。消費者向けのインセンティブとしては、景品を付ける「**プレミアム**」、記念品程度を付ける「**ノベルティ**」、それに各種の競技会を開く「**コンテスト**」などが代表的です。

「セールス・プロモーション活動」とは？

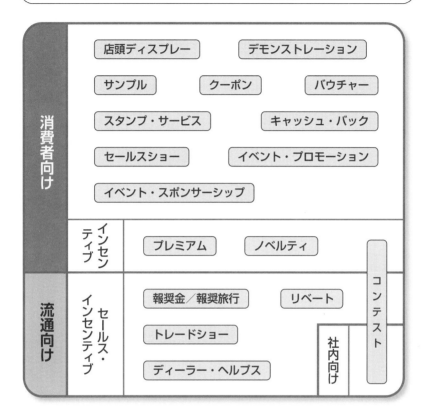

消費者向け
- 店頭ディスプレー
- デモンストレーション
- サンプル
- クーポン
- バウチャー
- スタンプ・サービス
- キャッシュ・バック
- セールスショー
- イベント・プロモーション
- イベント・スポンサーシップ

インセンティブ
- プレミアム
- ノベルティ

流通向け

セールス・インセンティブ
- 報奨金／報奨旅行
- リベート
- トレードショー
- ディーラー・ヘルプス

社内向け

コンテスト

　流通向けとしては、「**報奨金**」や「**報奨旅行**」、売上の一定割合を返金する「**リベート**」が一般的ですが、イベント関連で見本市（**トレードショー**）を開催することもあります。

　「**ディーラー・ヘルプス**」とあるのは、流通業者に対して、販促資材の提供や経営指導、販売員教育などを行なうものです。

　これらのうち、「**コンテスト**」は、消費者向けの作文コンテストなどの一般的なものから、流通向け・社内向けの販売コンテストまで、幅広く利用されています。こちらは、とくに「**セールス・インセンティブ**」と呼ぶこともあります。

63

知っておきたい
「PR」の本当の意味

広告（AD）とPRの違いとは？

　ここでもう一度、141ページの図を見ていただけますか。次は、コミュニケーション・ミックスの右側、「PR」の話なのですが、その上に「広告」とありますね。広告とPRって同じでは？　と思った方の素朴な疑問から話を始めましょう。

　「PR」はパブリック・リレーションズの略、日本語では「**広報**」などと訳される用語です。これに対して広告は、アドバタイズメント（**AD**）。では、ADとPRの違いとは？

　たとえば、PRの活動の1つに「**パブリシティ**」というものがあります。みなさんも見かけたことがないでしょうか、新聞や雑誌に、記事として新製品情報などが載っているのを。

　あれがパブリシティです。簡単にいうと、製品の情報などをマスコミに提供し、記事として取り上げてもらうもの。広告と違って、媒体料金は支払っていません。つまり、無料の広告のようなものなのです。パブリシティは新製品情報に限らず、右の図のようなものがあります。

　ちなみに、広告の手法の1つとして、情報を記事やニュースの形で流すこともありますが、この場合は広告料金を支払うのでパブリシティではありません。「ペイド・パブ（リシティ）」といいます。

プレス・リリース、取材対応などの報道対策も

　パブリシティも含めて、企業がパブリック（公衆）と良好な関係

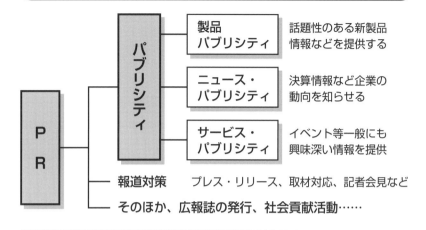

PR＝「パブリック・リレーションズ」のこと

| | 製品パブリシティ | 話題性のある新製品情報などを提供する |

パブリシティ
- 製品パブリシティ — 話題性のある新製品情報などを提供する
- ニュース・パブリシティ — 決算情報など企業の動向を知らせる
- サービス・パブリシティ — イベント等一般にも興味深い情報を提供

PR
- 報道対策　プレス・リリース、取材対応、記者会見など
- そのほか、広報誌の発行、社会貢献活動……

**無料のパブリシティなど、広告より消費者の信頼を
得やすいPRを活用しない手はない**

を築くための活動が「PR（パブリック・リレーションズ）」です。「ピーアール」は、単なる宣伝ではなかったわけですね。

　会社によっては、PR活動の大きな部分をパブリシティなど、報道対策が占めます。報道に対する情報提供の方法は、「プレス・リリース」と呼ばれる報道資料の配信や、個別の取材対応などです。大きなイベントや画期的な新製品といった、重要情報の場合には、記者会見（プレス・カンファレンス）を開くこともあります。

　報道対策だけでなく、広報誌を発行したり、社会貢献活動を行なったりすることも、PR活動の1つです。

　いずれの活動にしても、広告に比べて、消費者の信頼を得やすいのが特徴です。新聞や雑誌の記事のほうが、広告より一般的に信頼されやすいし、買わされるという警戒心も起こりません。

　これを活用しない手はないでしょう。

64

「ダイレクト・マーケティング」とは？

間に入れず「ダイレクト」にコミュニケーション

コミュニケーション・ミックス（☞140ページ）の1つとして「ダイレクト・マーケティング」をあげることもあります。

「ダイレクト・マーケティング」とは、たとえば右にあげたようなコミュニケーションのことで、消費者個人に向けて「ダイレクト」に働きかけるものです。

基本的に、間に何らかの仲介業者が入ることはありません。

「マーケティングの神様」コトラーも、コミュニケーション・ミックスとしてダイレクト・マーケティングをあげる1人ですが、その特徴は3つあるといっています。

①カスタマイズ（個々人に合わせて調整できる）
②即時性（その場で質問に応えたり、注文を受けたりできる）
③双方向性（反応に応じて修正できる）

その場で注文も受けられる

右にあげたうち、ダイレクト・メールは従来からあるSP広告の1つですし（☞144ページ）、テレ・マーケティングなどは人的販売（☞152ページ）に近いものともいえます。

にも関わらず、ダイレクト・マーケティングが注目されるのは、とくに人的販売のコストが高くついているからです。とくに先進国では、人的販売のコストはコミュニケーション方法の中でずば抜けて高く、上昇することはあっても下がることはまれでしょう。

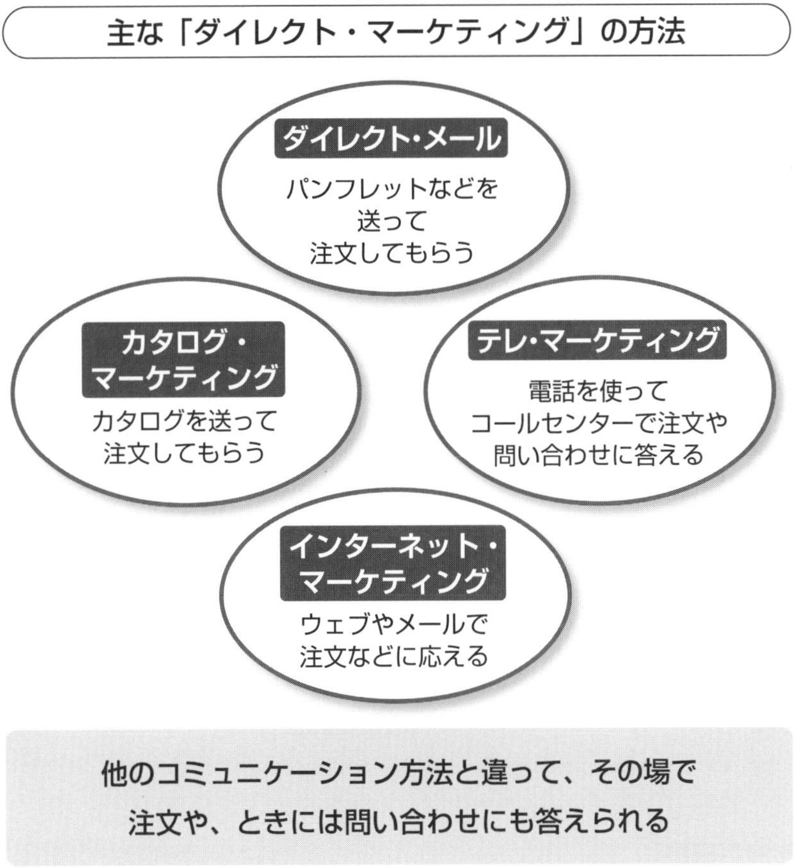

主な「ダイレクト・マーケティング」の方法

ダイレクト・メール

パンフレットなどを
送って
注文してもらう

**カタログ・
マーケティング**

カタログを送って
注文してもらう

テレ・マーケティング

電話を使って
コールセンターで注文や
問い合わせに答える

**インターネット・
マーケティング**

ウェブやメールで
注文などに応える

他のコミュニケーション方法と違って、その場で
注文や、ときには問い合わせにも答えられる

　しかも、ダイレクト・マーケティングには、人的販売同様、すぐに反応がわかるという大きなメリットもあります。上の図を見るとわかるように、ダイレクト・マーケティングはその場で反応＝注文が受けられるものばかりですね。

　広告・販売促進・ＰＲでは、こうはいきません。その場で注文が受けられるというコミュニケーション方法は、とてもまれなのです。

　そういう意味では、従来のコミュニケーション・ミックスの分類に加えて、ダイレクト・マーケティングを分類として意識しておくと、いずれ役に立つ日がくるかもしれません。

65 マーケティングのシメは「人的販売」

「人的販売」はどこに位置するか

　コミュニケーション戦略の最後のシメは、「人的販売」の話です。「人的販売」とは、営業担当者、販売員など「人」による、直接的な販売活動＝コミュニケーションを指します。

　この人的販売、この章のシメの話というだけでなく、本当にコミュニケーション戦略のシメでもあるのです。

　たとえば、コミュニケーション・ミックスを「ＡＩＤＭＡモデル」（☞156ページ）で考えてみましょう。注目・興味・欲求・記憶といった段階で力を発揮するコミュニケーションは、広告やＰＲです。

　しかし、行動の段階になると販売促進、それに人的販売が絶大な力を発揮するはず。買おうかどうか迷っている消費者の「背中を押す」役割は、人的販売の得意とするところですからね。

　また、「プッシュ戦略」「プル戦略」（☞128ページ）で考えてみることもできます。プル戦略で主に使われるのは、広告・ＰＲ・販売促進ですが、プッシュ戦略のほうは販売促進、そして人的販売なしには成り立たないといってもよいでしょう。

最も古くて新しいコミュニケーション

　150ページでは「ダイレクト・マーケティング」について見ましたが、人的販売はダイレクト・マーケティングの最古の形ともいえます。3つの特徴を見直してみてください。ちゃんと、3つとも条件を満たしていますよね？

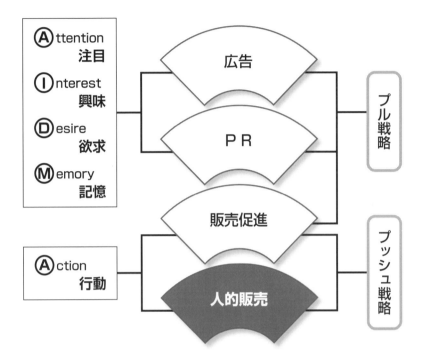

「人的販売」はいつの時代もシメに位置する

Attention
注目

Interest
興味

Desire
欲求

Memory
記憶

広告

PR

プル戦略

Action
行動

販売促進

人的販売

プッシュ戦略

　ダイレクト・マーケティングといえば、マス・マーケティング（☞76ページ）から出発したマーケティングがたどりついた最新の考え方です。最も古いコミュニケーションが、最も新しいコミュニケーションにもつながっているわけです。

　この本の初めで「セリングは不要になる」という意見を紹介しましたが（☞12ページ）、人的販売は不要になるどころか、これからますます重要になるかもしれません。

　コミュニケーションのみならず、マーケティングそのもののシメといってもよいのが人的販売なのです。

66 結局、重要な コミュニケーションはどれ？

 「統合型マーケティング・コミュニケーション」とは

　駆け足でコミュニケーションの方法を見てきましたが、結局、いちばん重要なコミュニケーションはどれだと思いましたか？　やっぱり広告？　いやいや人的販売？

　読者のみなさんはお気づきでしょうが、これだけやれば大丈夫、これこそキモ、などというコミュニケーション方法はありません。大切なのは、それぞれのコミュニケーション方法の特徴を活かした組み合わせ＝コミュニケーション・ミックス（☞140ページ）なのです。

　このことをあらわす用語に「**統合型マーケティング・コミュニケーション**」（インテグレーテッド・マーケティング・コミュニケーション＝ＩＭＣ）というものがあります。アメリカ、ノースウェスタン大学のドン・シュルツ教授たちが提唱したもので、広告や販売促進・ＰＲ・人的販売といったコミュニケーション活動を統合し、最大限の効果を実現すべきだという考え方です。

　コミュニケーション・ミックスのそもそもの考え方からすれば、ある意味当然とも思えますが、現実にはそれがなかなかむずかしいということでしょう。

 コミュニケーションがバラバラではダメ

　たとえば、新製品のパブリシティに続けて、テレビＣＭを展開する。そのＣＭには「詳しくはWebで」と誘導があり、アクセスした人が申し込むとサンプルが送られる。サンプルから口コミで広が

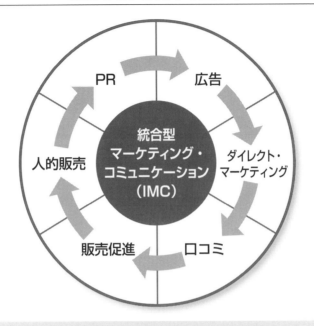

統合できれば効率も上がる

PR

広告

統合型
マーケティング・
コミュニケーション
（IMC）

ダイレクト・
マーケティング

人的販売

販売促進

口コミ

それぞれのコミュニケーション活動を
いま以上に統合して最大限の効果をあげる

り、それを聞いた消費者が店頭におもむくと、販売員が詳細な説明
をして購入に結びつく、といったイメージでしょうか。

今日では、とくにインターネットの普及で、消費者に対するコミ
ュニケーションの種類も、消費者が入手する情報の量も、以前とは
ケタ違いに多くなっています。

そんな中で、コミュニケーションの効率をあげていこうとするな
ら、バラバラにやっていてはダメ、いま以上に統合しなければ——
そうした考えからIMCはますます重視される傾向にあります。

消費者はＡＩＤＭＡで買う？　ＡＩＳＡＳで買う？

消費者がさまざまなコミュニケーションを受けて、購入に至るまでのプロセスを説明したものに、有名な「ＡＩＤＭＡモデル」があります。次の５段階がそれで、アメリカで販売や広告の本を書いていたローランド・ホールという人が、1920年代に提唱したものです。

A ttention ········	ある商品やサービスに「注目」する
I nterest ·········	その商品やサービスに「興味」を持つ
D esire ·············	欲しいという「欲求」を持つ
M emory ···········	その商品やサービスを「記憶」する
A ction ·············	購入するという「行動」を起こす

このような消費者の購買プロセスを理解することによって、売り手は適切なコミュニケーション・ミックスをとることができます。

ＡＩＤＭＡモデルが1920年代に提唱されたのに対して、2000年代に日本の広告代理店、電通などがネット上の購買プロセスとして発表したのが「ＡＩＳＡＳモデル」です。

ＡＩＳＡＳモデルでは、Ａ（注目）とＩ（興味）のプロセスは同じですが、ネット上の消費者は興味を持つとすぐにSearch（検索）します。そして、欲しいと思ったら即買うというAction（行動）に出るものです。ネットでは、その場で注文・決済ができますからね。商品を受け取った後は、カスタマー・レビューやＳＮＳで他の消費者とShare（シェア）する、というのがＡＩＳＡＳモデルです。

8章

デジタル・マーケティングの基本としくみ

67

デジタル・マーケティングは どこが違うの？

📇 デジタル・マーケティングの4つの「デジタル」

　「デジタル・マーケティング」とは、ウェブサイトなどのデジタル・メディアや、ＩＴなどデジタル・テクノロジー（技術）を活用するマーケティングの総称です。スマホなどのデジタル・デバイス（機器）を使う、購買履歴などデジタル・データを扱うといった特徴もあります。

　このような「デジタル」を駆使するため、デジタル・マーケティングには他のマーケティングにない特長があるのです。

📇 デジタル・マーケティングの5つの特長

　他のマーケティングにはない、デジタル・マーケティングの特長を5つあげてみましょう。

①効果の測定が簡単で正確

　デジタル・マーケティングでは、販促や広告といったマーケティング施策の効果や、費用対効果を簡単に数値としてつかむことができます。たとえば、商品が1個売れるのに、いくらの広告費がかかったか、といった具合です。

②一人ひとりを対象にすることが可能

　いろいろな技術の活用により、ターゲットを一人ひとりまで細分化することができます。たとえば、スマホで何かを検索したユーザーの画面に、近くの店舗の広告を表示する、などです。

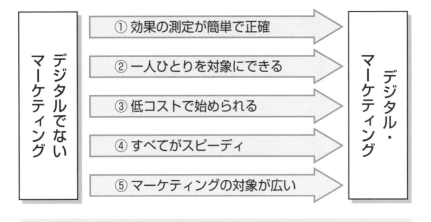

デジタル・マーケティングにはこんな特長がある

デジタルでないマーケティング → デジタル・マーケティング

① 効果の測定が簡単で正確
② 一人ひとりを対象にできる
③ 低コストで始められる
④ すべてがスピーディ
⑤ マーケティングの対象が広い

このような特長があるためデジタル・マーケティングは小さな会社でも始められる

③低コストで始められる

ホームページやブログなどでは、無料で利用できるサービスも数多くあります。ウェブ広告などは、少額から始めることも可能です。あまり資金がない人や会社でも、試しに始められるわけですね。

④すべてがスピーディ

デジタル・マーケティング施策の多くは、実施を決めたらスピーディに実行に移すことが可能です。低コストとあいまって、気楽に始めることができるといえます。

⑤マーケティングの対象が広い

リアル店舗では、店舗周辺のエリアがマーケティングの対象ですが、たとえば日本語の通販サイトなら、日本語を理解する世界中の人がマーケティングの対象になります。

68

ウェブだけじゃない
デジタル・マーケティング

■ SNSマーケティングやアプリ・マーケティングも

インターネットのマーケティングでは、長らく「ウェブ・マーケティング」という用語が使われてきました。なじみのある方も多いでしょう。現在では、ウェブ・マーケティングはデジタル・マーケティングの一部という位置づけです。インターネットでは、ウェブ以外にもさまざまなメディアが広まっているからです。

たとえば、「メール・マーケティング」は昔からありましたが、近年は「SNSマーケティング」が重視されています。SNS（ソーシャル・ネットワーキング・サービス）は、ユーザーが情報発信できるメディアの意味で、LINEやTwitterのほかにブログなども含むマーケティングです。

メディアとしてはさらに、スマホの「アプリ・マーケティング」も重要視されてきています。そして、５Ｇが一般化することで加速する動画。「動画マーケティング」もひとつのジャンルとして確立されたマーケティングです。

■ コンテンツ・マーケティングからバズ・マーケティングまで

次に、マーケティングの手法として見ると、小手先のテクニックではなく、発信する情報の中身（コンテンツ）で勝負しようというのが「コンテンツ・マーケティング」。広告などで一方的に知らせていくのではなく、ユーザーに検索して「見つけてもらう」マーケティングです。

そして、見つけてもらった後も顧客化、リピーター化までをめざ

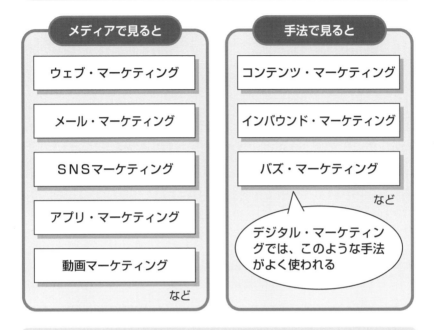

ウェブだけじゃないデジタル・マーケティングのいろいろ

メディアで見ると

ウェブ・マーケティング

メール・マーケティング

SNSマーケティング

アプリ・マーケティング

動画マーケティング

など

手法で見ると

コンテンツ・マーケティング

インバウンド・マーケティング

バズ・マーケティング

など

デジタル・マーケティングでは、このような手法がよく使われる

**デジタル・マーケティングは
さまざまなメディア、手法を駆使する**

して、メールマガジンやオンライン・セミナーなども活用するのが
「**インバウンド・マーケティング**」。インバウンドには「内側に向か
う」といった意味があります。

　もっとも、情報の中身はともかく、バズればいい、話題をさらっ
たほうが勝ち、という考え方もできなくはありません。その名も「**バ
ズ・マーケティング**」。「バズる」ということばは、今日ではすっか
り一般化しましたね。

　デジタル・マーケティングでは、以上のようなマーケティングの
手法がよく使われています。

69 「SEM」は デジタル・マーケティングの基本

📱 SEM（サーチ・エンジン・マーケティング）とは

コンテンツ・マーケティングなどのように、検索で見つけてもらうマーケティングが重視されるのは、ウェブサイトを訪問する人のかなりの割合が、Googleなどの検索エンジンを経由しているからです。自分のことを考えても、何か商品やサービスを探すときは、まずググることが多いでしょう。

そこで、ウェブサイトをより多くの人に見てもらおうと思ったら、検索エンジンについての対策が欠かせません。これを「SEM」（サーチ・エンジン・マーケティング）といいます。

SEMは、大きく分けて「SEO」と「検索連動型広告」に分けられます。SEOは、日本語では「検索エンジン最適化」といいますが、要するにユーザーがGoogleなどで検索したときに、検索結果の上位に表示されるための対策です。

上位に表示されればされるほど、ウェブサイトを訪問してもらえる可能性は高まります。コンテンツ・マーケティングは、良質のコンテンツを提供し続けることで、検索結果上位をねらっているわけです。

📱 リスティング広告は広告料金が発生する検索

もうひとつの検索連動型広告とは、検索結果のいちばん上に「広告」と明記されて表示される広告、いわゆる「リスティング広告」のことです。

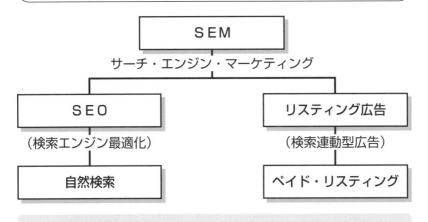

SEMには自然検索の対策と広告がある

SEM

サーチ・エンジン・マーケティング

SEO

（検索エンジン最適化）

自然検索

リスティング広告

（検索連動型広告）

ペイド・リスティング

検索エンジン対策としてはSEOによって
「自然検索」の上位に表示されることが重要

　リスティング広告も、実は検索の一種といえます。広告を申し込む際には、検索のキーワードを指定することになっていますが、リスティング広告はその指定したキーワードを検索して表示しているからです。リスティング広告がクリックされると、広告料金が発生するので、「ペイド・リスティング」ともいいます。

広告でない検索結果は「自然検索」

　広告に続く検索結果は、いくら上位に表示されても料金は発生しません。こちらは「自然検索」とか、「ナチュラル・サーチ」「オーガニック・サーチ」といいます。わざわざ自然検索などと呼ぶのは、ペイド・リスティングも検索の一種なので、両者を区別するためです。

　このようなSEMは、デジタル・マーケティングの基本中の基本といえます。

70

「アクセス解析」で
ユーザーの行動を分析する

アクセス解析は成約の数を増やす

　ＳＥＭは、訪問者の数を増やすことが目的ですが、訪問した後、そのサイトが目的とすること――たとえば、商品の購入や、会員登録、資料請求などにつなげていかなければなりません。

　このようなサイトの目的を「コンバージョン」といいますが、日本語でいえば「成約」の意味です。

　ＳＥＭは、訪問者の数を増やすことには役立っても、成約の数を増やすことには役立ちません。成約の数を増やす対策の代表的なものに「アクセス解析」があります。

　アクセス解析では、訪問者の特性や、訪問者のサイト内での行動を分析します。たとえば、右の図にあるようなことです。そして、指標として役立つよう、すべて数やパーセンテージであらわします。効果を簡単に、正確にあらわすデジタル・マーケティングならではの技術です。

　そこから、サイトの課題を発見して、問題点を改善するために役立てるわけです。この分析には、Googleが無料で提供しているGoogleアナリティクスなど、「アクセス解析ツール」と呼ばれるソフトを利用するのが一般的です。

アクセス解析はサイトの改善に役立つ

　アクセス解析の目的は、成約の数や率を高めることです。たとえば、よく見られているページがわかれば、成約につながるように、そのページを改善すれば、効果が高いとわかります。あまり見られ

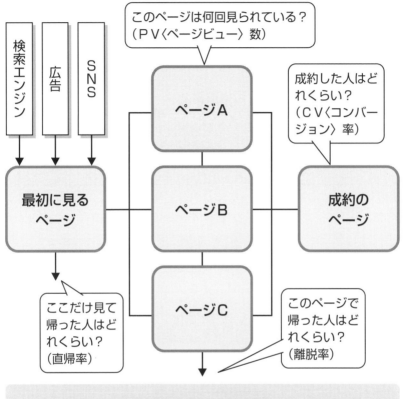

ていないページを改善しても、効果は限られますからね。

　また、たとえばSNSからきた訪問者が、最初にページDを見て、成約する率が高いとわかれば、ページDをスマートフォン向けに改善する対策が考えられます。SNSからくる訪問者は、パソコンよりも、スマホで見ている可能性が高いと推測できるからです。

　このように、アクセス解析はサイトの改善に役立つ技術です。

71

ウェブだけじゃない「デジタル広告」のいろいろ

デジタルには多様な広告がある

　コミュニケーション戦略の重要な要素＝広告が、デジタル・マーケティングではどうなっているのか、簡単に見ておきましょう。

　「デジタル広告」としては、ウェブページの広告枠〈バナー〉に表示される「バナー広告」がおなじみですが、実際には実に多様な広告があります。主なメディアだけでも、右の図のように「ウェブ」「メール」「ＳＮＳ」「アプリ」と４種類。これに、表示形式として「テキスト」「バナー」「リスティング」「動画」といった分類が加わります。

デジタル広告に欠かせない「アドテクノロジー」

　さらに理解をむずかしくしているのが、広告料金の課金方式がいろいろだという点です。たとえば、よく聞く「アフィリエイト広告」とは、商品の売上など、何か成果があがったときに広告料金が支払われる「成果報酬課金型広告」のことです。ほかにも「クリック課金型」「インプレッション（表示）課金型」など、いくつかの課金方式があります。

　そして、さらに理解がむずかしいのが、広告の配信方式です。たとえば、ときどきニュースなどに登場する「リターゲティング広告」は、一度ある会社のウェブサイトを訪問すると、その後、追いかけるように別のサイトでも、その会社の広告が表示されます。

　「アドネットワーク」という広告の配信網と、アドサーバーという専用のコンピュータが可能にしている広告です。ターゲティング

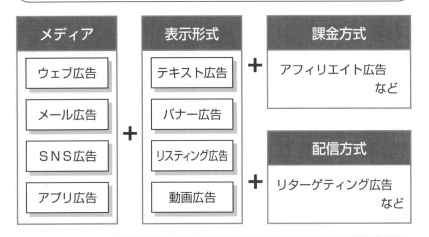

デジタル広告にはいろいろな分類方法がある

メディア	表示形式	課金方式
ウェブ広告	テキスト広告	アフィリエイト広告　　　など
メール広告	バナー広告	
SNS広告	リスティング広告	**配信方式**
アプリ広告	動画広告	リターゲティング広告　　　など

**ひとつの広告でもメディアはウェブ、
形式はバナー、課金はアフィリエイトなどとなる**

　広告としてはほかに、ウェブの閲覧履歴や行動履歴、購買履歴など をもとに広告が配信される「**行動ターゲティング広告**」などもあり ます。

　ちなみに、アドネットワークを通じて配信される広告は、「**アド ネットワーク広告**」と総称されています。アドネットワーク広告が 配信されるしくみは、なんと「広告オークション」です。

　アドサーバーでひとつずつ、広告枠がオークションにかけられ、 勝者の広告が広告枠に送信されているのです。入札から落札まで 0.1秒以内とされているので、表示にはほとんど影響がありません。

　以上のようなデジタル広告を可能にしている技術を総称して「**ア ドテクノロジー**」と呼びます。そのまま訳せば「広告技術」ですが、 とくに広告の配信や課金の技術のことです。「アドテク」と略して 呼ばれることもあります。

72 ウェブ・マーケティングから 「SNSマーケティング」へ

📖 広がるSNSの利用率、情報収集もSNSで

　SNSは、ウェブサイトへの流入経路としても重要ですが、SNS自体のマーケティングも重要性を増しています。理由はいうまでもなく、SNS利用の広がりです。総務省の調査によれば、2020年の13歳〜19歳、20代、30代のSNS利用率はすべて80％を超え、また、40代以上の利用率も急速に伸びています。全世代平均でも、70％を超える勢いです（令和2年通信利用動向調査）。

　さらに、とくに若い世代の情報収集のしかたの変化も指摘されています。Googleなどの検索エンジンよりも、まずSNSで情報収集をするスタイルが主流になりつつあるのです。

　ファッションやグルメといったジャンルでは、すでに検索エンジンを超えてSNSが利用されているというデータもあります。

📖 SNSではユーザーとよい関係を築く

　SNSマーケティングで利用される主なSNSには、右の図のようなものがあります。それぞれ、テキスト、画像、動画、それらの組み合わせと、メディアが違い、利用のしかたも異なるので、それぞれに合わせたマーケティングが必要です。

　どのSNSにも共通するマーケティング施策としては、アカウントの運用と、SNS広告の出稿があります。それぞれ、ビジネス用のアカウントや、独自スタイルの広告を利用することが可能です。

　たとえば、LINEのビジネスアカウントには「LINE@」と「公式

SNSマーケティングの主な対策は2つ

Facebook　Instagram　LINE
TikTok　Twitter
YouTube

アカウント
の運用

SNS広告
の出稿

ユーザーとよい関係を築くことが重要なので
コンバージョンはウェブサイトでという手も

アカウント」があります。Twitterでは、「プロモアカウント」が
利用可能です。

　こうしたアカウントの運用を通じて、ユーザーにポジティブなイ
メージを持ってもらえれば、口コミやカスタマー・レビューなどに
よって、会社や商品のイメージアップ、売上増加につながることも
期待できます。

　その反面、逆にネガティブなイメージが拡散されると、アカウン
トの炎上という事態にもなりかねません。SNSでは、ユーザーと
よい関係を築くことが最重要になります。

マーケティングの効果を測る
KGIとKPI

　効果が簡単に、正確に測れるデジタル・マーケティングでは、「KGI」と「KPI」という指標の設定がよく行なわれます。

　KGIとは「キー・ゴール・インジケーター」の略、日本語では「重要目標達成指標」です。ウェブサイトなどが、最終的に達成する目標を示す指標で、たとえば「次月の成約件数○○件」などと、数値で具体的に定めます。

　しかしKGIは、たとえば成約件数が思ったように伸びない場合でも、KGIの数字から対策を考えることができません。そこで、KGIとは別にKPIを定めます。

　KPIは「キー・パフォーマンス・インジケーター」の略、日本語では「重要業績評価指標」です。たとえば、新規の訪問者が多く、成約件数に大きく影響すると思われる、検索エンジンからの訪問者数などをKPIとして設定します。

　すると、検索エンジンからの訪問者数が伸びていなかった場合、それが成約件数が伸びない原因とわかります。SEO（検索エンジン最適化）を強化して訪問者数を増やす、それが時間的に間に合わなければ急遽、リスティング広告（検索連動型広告）を出稿して、広告からの訪問者を増やす、などの対策が打てるわけです。

　KGIとKPIの関係は、このようなものです。KGIは最終目標（ゴール）であり、KPIは最終目標の達成度を測る中間目標のような位置づけになっています。

さくいん

野上眞一（のがみ　しんいち）

会社勤務を経て、新製品・市場のコンサルティングに従事。主に
「マーケティング」「経営数字」などを中心とした書籍の執筆、お
よびそれらのアドバイスを行なっている。

会社員時代の経験から「すべての仕事にマーケティングを」をモ
ットーとし、「あなたの隣のマーケター」を自認。難解なマーケテ
ィング戦略や用語を、普通のビジネスマンや学生にも理解でき
るよう、かみ砕くことに苦心している。

著書に、『18歳からの「マーケティング」の基礎知識』（ぱる出版）、
『図解でわかるマーケティング いちばん最初に読む本』『図解で
わかるデジタルマーケティング いちばん最初に読む本』（以上、
アニモ出版）、『マーケティング用語図鑑』（新星出版社）がある。

図解でわかるマーケティングの基本としくみ

2021年10月15日　　初版発行

著　者　野上眞一
発行者　吉溪慎太郎
発行所　株式会社**アニモ出版**
　　　　〒162-0832 東京都新宿区岩戸町12 レベッカビル
　　　　TEL 03(5206)8505　FAX 03(6265)0130
　　　　http://www.animo-pub.co.jp/